DEIN LEBENSWEG MIT HERZ

Selbstliebe lernen leicht gemacht.
Wie du dein Leben endlich selbst in die Hand nimmst und glücklich wirst.

JONAS HILZ

Impressum

1. Auflage

Autor/Herausgeber: Jonas Hilz
Fotos: Hochwerk (Frontcover), Frank Fischer (Rückcover)

www.jonashilz.com

Was dich erwartet

Warum ich dieses Buch geschrieben habe

Du möchtest mehr aus deinem Leben herausholen? Zu dieser Entscheidung kann ich dir nur gratulieren und bin extrem dankbar, dass du dieses Buch liest. Ich habe es geschrieben, um mit jedem Menschen, der es liest, meinen Lebensweg – mitsamt allen meinen Erfahrungen – zu teilen und damit das Leben vieler auf eine inspirierende Art und Weise zu bereichern. Außerdem möchte ich, dass meine Kinder später einmal lesen können, welche Großartigkeit, Erfüllung und Freude ich erleben durfte, um dadurch einen Einblick ins Leben zu bekommen und damit meine ich das wahrhaftige Leben.

Das hört sich vielleicht merkwürdig an: Ich bin der felsenfesten Überzeugung, dass wir im Kindergarten, in der Schule und später im Beruf unglaublich viel lernen. Dinge, Techniken, Konzepte, mit denen wir fünfzig Bücher füllen könnten. Doch eines lernen wir nicht: Wie wir WIRKLICH leben. Wie wir uns voll und ganz in diesem wundervollen Leben entfalten, mit all unseren Anteilen, unseren Stärken, unserer Seele.

Ist es nicht unglaublich, dass wir uns die wichtigste Lektion auf Erden selbst beibringen müssen? Dass du dir dieses Buch gekauft hast, zeigt mir, dass du dich für ein erfülltes, erfolgreiches Leben interessierst.

Was für mich aber noch wichtiger ist: Du bist bereit, an dir zu arbeiten, deine Persönlichkeit zu entwickeln und voranzukommen. Du willst das Beste aus deinem Leben machen. Tue es, denn ich glaube, wir sind auf diesem Planeten, um zu kreieren und im Hier und Jetzt zu leben. Die Lebenszeit, die wir alle geschenkt bekommen haben, ist vielleicht das kostbarste Gut, das wir überhaupt besitzen.
Es geht nicht um die Vergangenheit oder um die Zukunft. Natürlich ist es wichtig, aus der Vergangenheit zu lernen und sich Gedanken darüber zu machen, was die Zukunft bringt. Aber das Leben findet JETZT statt, in diesem Augenblick, in diesem Wimpernschlag der Zeit. Es bringt nichts, wenn du dich nur mit Vergangenem beschäftigst oder mit Dingen, die noch gar nicht passiert sind.

Jeder Augenblick vergeht so schnell, wie er gekommen ist. Wenn du dich nicht auf ihn konzentrierst, wird er für immer verloren sein – unwiderruflich. Es ist zu schade um die wertvolle Zeit. Ich selbst bin durch viele Höhen und Tiefen gegangen und möchte meinen Lebensweg mit dir teilen, um dich zu inspirieren.

Auf den folgenden mehr als 200 Seiten beschäftige ich mich unter anderem damit, was Leben überhaupt bedeutet und wie es funktioniert. Gibt es unumstößliche Naturgesetze? Wenn ja, wie kannst du sie für dich nutzen? Können dir die Spielregeln des Universums helfen, deine Ziele zu erreichen? Eines schon einmal vorweg: Du hast dein Schicksal selbst in der Hand. Du bist der Entscheider. Du entscheidest, welchen Weg du gehst.

Möglicherweise werde ich Themen ansprechen, die für dich vielleicht erst einmal neu sind, wovon dich manches irritiert oder zunächst skeptisch werden lässt.

Ich möchte dich einladen, frei von Wertungen oder eingefahrenen Mustern, ganz unvoreingenommen mit mir gemeinsam auf eine Reise zu gehen. Lass dich darauf ein und gib dem Ganzen eine Chance. Folge mir mit Offenheit und Lernbereitschaft. Du bist frei und hast deinen eigenen Willen. Ich werde dich überraschen. Lege zwischendurch gerne das Buch mal für eine Weile zur Seite, falls es dir eventuell gerade zu tief geht oder du Zeit zum Nachdenken brauchst.

Einhergehend mit der Spiritualität, werden wir immer wieder an Themen oder Phänomene stoßen, die wissenschaftlich (noch) nicht belegt sind. Das macht aber nichts. Einerseits ist es positiv, dass wir vieles auf der Welt mit Zahlen und Fakten belegen können, andererseits ist es spannend, welche Phänomene es doch gibt, die wir nicht nachweisen können. Das macht sie nicht weniger wirksam, oder?

Anstatt in die Messbarkeit hineinzugehen und zu versuchen, alles rational und mental zu begreifen, lasst uns anfangen, mehr Liebe und mehr Bewusstsein in unser Leben einzuladen. Ich lade dich ein, an zentralen Punkten deines Lebens wieder mehr deinem Gefühl zu vertrauen. Denn das Nicht-Messbare ist das wahre Leben, auch wenn wir es manchmal nicht verstehen.

Wenn du dich dafür öffnest und akzeptierst, dass du es nicht greifen kannst, wird sich dein Leben verändern. So wie es mein Leben verändert und meinen Lebensweg gezeichnet hat.

In diesem Buch wird es um deine eigene Energie gehen. Um etwas, das ich als dein „energetisches ICH" bezeichne.

Dann arbeiten wir uns aus dem Inneren nach außen – zum irdischen ICH und zum Alltag, wie wir ihn kennen. Wir werden Tiefgehendes behandeln, Ideen und Grundprinzipien des Lebens ansehen. Das Gute ist: Du wirst einfache, umsetzbare Tipps bekommen, die dein Leben bereichern können, wenn du sie nutzt.

Dieses Buch soll ein Wegbegleiter sein, in dem du immer wieder etwas nachschlagen kannst. Vielleicht machst du es wie ich und kennzeichnest dir mit Textmarkern oder bunten Haftnotizen spannende Stellen, damit du sie später sofort wiederfindest. Ich wünsche dir auf jeden Fall von Herzen viel Spaß beim Lesen.

Es ist dir frei, ob du das Buch mit dem ersten Kapitel beginnst oder ob du vielleicht von hinten, also mit dem „Außen" anfängst und dich dann in das „Innere" vorarbeitest. Dies ist deine Entscheidung. Im ersten Kapitel geht es eher um spirituelle Themen, mit denen du dich bisher vielleicht noch nicht beschäftigt hast. Im letzten Kapitel geht es um dir eventuell vertrautere Themen wie Karriere, Gesundheit und Alltag, sodass der Einstieg für dich einfacher sein könnte.

Dieses Buch habe ich so geschrieben, dass alles Sinn ergibt und du für dich den größtmöglichen Nutzen daraus ziehen kannst. Ich teile meine Erfahrungen mit dir, erzähle dir von meinem persönlichen Weg des Lebens und Lernens, meiner Persönlichkeitsentwicklung und den Erfolgen, die daraus resultieren.

Dein Jonas Hilz

Vorwort

Ich betrachte das Leben als einen Weg. Dieser Weg hat immer wieder Abzweigungen, teilt sich, findet wieder zusammen und bietet immer neue Chancen und Nebenwege, um an das entsprechende Ziel zu kommen. Manchmal verläuft man sich, an manchen Gabelungen hält man sich länger auf, an anderen verweilt man nur kurz und ist sich schnell sicher, wohin man weitergehen möchte.

Du kennst sicher das Sprichwort „Viele Wege führen nach Rom". Ja, du kannst mir glauben: Man kommt über sehr viele Wege nach Rom. Um im Bild zu bleiben, stellt "Rom" symbolisch das Lebensende unseres Körpers auf Erden dar. Es ist kein Geheimnis, dass jeder Mensch eines Tages sterben wird, und ich denke, mit seiner Sterblichkeit sollte jeder im Reinen sein. Denke daran, wie ein Sprichwort sagt: „Es kann nur etwas neu geboren werden, wenn vorher etwas Altes stirbt".

Jedenfalls erreicht jeder Mensch eines Tages Rom. Diesen Tag, an dem er oder sie von Erden geht. DASS dies passiert, ist unausweichlich und keiner weiß den Zeitpunkt, WANN man durch das Tor schreiten muss. Was jedoch DU in der Hand hast, ist, WIE du deinen Weg nach Rom gestaltest. Du entscheidest, ob es ein steiniger Weg sein soll oder ob er von blühenden und duftenden Blumen gesäumt und leicht zu gehen ist.

Ich möchte dich für einen Moment mit auf eine Reise nehmen. Bitte stell sicher, dass du gerade ungestört bist, dass du ganz bei dir bist, in einem Raum, in dem du dich besonders wohl fühlst. Oder sei an einem Ort, der dich inspiriert. Andernfalls schließ das Buch an dieser Stelle und hol es zu einem späteren, günstigeren Zeitpunkt erneut heraus. Ich möchte dich mit auf eine Reise nehmen, auf deinen imaginären Lebensweg.

Stell dir vor deinem inneren Auge einen Weg vor. Stell dir vor, du stehst genau jetzt in diesem Moment auf diesem Weg. Du kannst den Boden unter deinen Füßen spüren. Nimm für einen Moment wahr, wo sich dieser Weg befinden könnte. In einem Wald, auf einem Feld, am Meer oder dort, wo es sich für dich stimmig anfühlt. Mal dir diesen Ort in seinen schönsten Farben und Düften aus – ganz so, wie er sich für dich gut anfühlt.

Ganz egal, wo sich dieser Weg befindet. Versuche, dir das Bild mit all deinen Sinnen vorzustellen.
Was kannst du an diesem Ort außer dem Weg noch sehen? Den Himmel? Wie ist das Wetter? Kannst du Wolken sehen? Welcher Geruch liegt in der Luft? Kannst du die Natur riechen? Das frische Gras? Den Wald? Das Salz des Meeres? Kannst du die warmen Strahlen der Sonne auf deiner Haut spüren? Wenn einfach alles möglich wäre und darüber hinaus noch viel mehr, wie möchtest du dich auf deinem Lebensweg fühlen?

Welche Erfahrungen möchtest du in dein Leben einladen? Wie möchtest du mit deinem Sein auf das Leben anderer wirken? Welche Fußabdrücke möchtest du auf dieser Erde hinterlassen?

Wie schnell wir in Rom ankommen, haben wir nur bedingt in der Hand. Manche Menschen kommen früher an, manche später und manche haben einen sehr langen Weg vor sich. Es geht jedoch nicht um die Quantität des Lebenswegs, die Zeit, die du damit verbringst, deine Reise nach Rom zu bewältigen.

Es geht vielmehr darum, wie viel Leben und Qualität du diesem Weg schenkst. Wie viel Freude, Liebe und Lebendigkeit. Es geht darum, Menschen wahrzunehmen, die irgendwo am Wegesrand stehen und uns dann ein Stück auf unserem eigenen Weg nach Rom begleiten.

Wir begleiten wiederum diese für ein Stück auf ihrem ganz eigenen Weg nach Rom. Manche Menschen begleiten uns länger und manche bleiben nur für einen kurzen Zeitraum an unserer Seite. Manche sind wie ein Windhauch und berühren uns kaum, andere brennen sich tief in unser Herz hinein und bleiben unvergessen. Am Ende begegnen wir uns in Rom und werden eins – pure Energie.

Der Anfang und das Ziel deiner Reise sind gewiss. Den Zwischenraum füllst du. Wähle und entscheide dich für die lebendigste und wahrhaftigste Reise. Wähle LEBEN.

Der Weg ist das Ziel. Gleichzeitig brauchst du für ein erfolgreiches und tief erfülltes Leben eine Vision und eine klare Vorstellung davon, wie dein Leben aussehen soll.

Genieße die Sackgassen deines Lebens, die dir wertvolle Erkenntnisse schenken und dich wachsen lassen. Genieße immer wieder die Bänke, die sich auf deinem Weg zeigen und dir einen Moment der Rast, des Innehaltens und des Bewusst(er)werdens schenken.

Lass uns dein schönstes und lebendigstes Leben phantasieren. Lass uns erlauben, ganz groß zu denken und Fülle auf deinen Lebensweg einzuladen. Erlaube deinen Wünschen und Träumen, Platz auf deinem imaginären Lebensweg einzunehmen.

Erlaube dir, dass deine Vision sich auf ganz natürliche Art und Weise und im tiefen Vertrauen entwickeln darf, weil sie Teil deines Lebensweges ist. Sei dir sicher, du kannst deine Bestimmung niemals verfehlen, unabhängig davon, ob du deine Bestimmung findest oder sie dich. Sie ist wie eine unsichtbare Kraft, wie ein Magnet, der zwischen dir im Jetzt und deiner Bestimmung wirkt.

Ich selbst habe auf meinem ganz eigenen Lebensweg erfahren, dass es unterschiedliche Wege gibt, dass du manchmal vor einer Weggabelung stehst und wirklich nicht weißt, für welche Richtung du dich entscheiden sollst. Schließe in diesem Moment deine Augen, lausche der Stimme deines Herzens und sei dir sicher, dass du das Erblühen deiner Lebensvision nicht verfehlen kannst. Und dass all die neuen Wege sich für dich auftun, die vermeintlich falschen Wege, die Sackgassen und verschlungenen Pfade sich auflösen, du wachsen und sie sogar genießen wirst. Erlebe und genieße sie mit all deinen Sinnen.

Mit diesem Buch möchte ich dich sowohl inspirieren als auch ermutigen, deinen ureigenen, individuellen Weg zu leben, der darauf wartet, von dir gefunden und gegangen zu werden.

Stell dir nun vor, du könntest noch einmal auf deinem imaginären Lebensweg stehen. Was kannst du bereits wahrnehmen?

Wie sieht er aus? Läufst du auf satter, brauner Erde? Ist er gepflastert oder gehst du auf unwegsamen, spitzen Steinen? Läufst du durch die faszinierende Natur oder durch die schillernde, laute Großstadt?

Wenn ich meinen Lebensweg vor meinem inneren Auge sehe, dann ist es ein erdiger, alter Weg. Ich sehe mich in der Zeit der alten Griechen und Römer als Führungspersönlichkeit, die Menschen führt und mitnimmt. Menschen, die mich begleiten und die ich auf ihrem eigenen Lebensweg unterstützen darf. Gleichzeitig sehe ich mich aber auch als einsamen Wolf, der einfach im „All-Ein-Sein" möchte. Ich sehe mich, wie ich mit den Menschen in sprudelnden Thermalquellen bade, das Leben in seiner Einzigartigkeit genieße, spiele, lache und mich im Hier und Jetzt einfach wohlfühle. Ich sehe auch eine Frau an meiner Seite, mit der ich in Co-Kreation gehen darf, und eine Familie, die ich mit ihr gründe.

Auf diesem Lebensweg, wo ich derzeit stehe, bin ich umgeben von Hügeln und Bergen, dann wieder sehe ich Wälder und sattes Grün. Ich rieche das frisch gebackene Brot aus einer Herberge. Leckeres Brot mit Olivenöl. Davon könnte ich leben. Einfach köstlich. Ich höre das fröhliche Spielen und Gelächter der herumtobenden Kinder. Ich liebe meinen Lebensweg. Allein die Bilder in meiner Vorstellung sind jedes Mal ein Fest für jeden meiner Sinne.

In meiner Vorstellung vom Lebensweg gibt es auch Herausforderungen. Wie Räuber lauern sie hinter den Bäumen, genau dort, wo der Weg durch manchen Wald dunkel und uneinsichtig wird. Dort darf ich trittsicher sein und mich immer wieder mit Vertrauen verbinden. Auch wenn ich vielleicht nicht sofort sehen kann, wie der Weg weitergeht.

Wenn auch auf deinem Lebensweg irgendwann mal Räuber lauern und du den Weg nicht mehr erkennen kannst, dann hoffe ich, dass mein Buch dir helfen wird, wieder klarer zu sehen und wieder sicher deinen Weg zu gehen.
Was ist, wenn dein Körper gar nicht mehr mitgeht, weil er sich erschöpft, müde und ausgelaugt irgendwo am Wegesrand in die Büsche gelegt hat?

Manchmal, wenn ich auf meinem Lebensweg wandle, kommen Räuber, die mir Energie oder Zeit stehlen wollen. Sie überfallen mich und ich muss mich wehren. Übertragen aufs Leben heißt das, dass ich Achtsamkeit brauche und erkennen muss, ob es Menschen oder Dinge in meinem Leben gibt, die genau das tun.

Wenn ich ein erfülltes, kraftvolles und erfolgreiches Leben haben möchte, muss ich diesen Räubern aus dem Weg gehen beziehungsweise sie überwinden oder für mich einen ganz eigenen Weg finden, um damit umzugehen.

Damit Körper, Geist und Seele im Einklang sind, müssen auch die fünf Energiesäulen im Einklang sein. Diese fünf Säulen bestehen aus körperlicher, mentaler, emotionaler, Zeit- und Geldenergie.

Lass mich dich an dieser Stelle zu einem kleinen Gedankenexperiment einladen, das veranschaulichen soll, wie stabil deine fünf Energiesäulen momentan sind. Bitte entscheide ganz intuitiv.

Skala 0 (keine Energie) - 9 (maximale Energie)
Wie hoch ist deine Energie bei den jeweiligen Säulen?

Körperliche Energie 0 1 2 3 4 5 6 7 8 9
(zum Beispiel Gesundheit, ausgewogene Ernährung, Fitness oder Schlaf)

Mentale Energie 0 1 2 3 4 5 6 7 8 9
(zum Beispiel Willensstärke, Disziplin, Durchhaltevermögen oder persönliche Überzeugungen)

Emotionale Energie 0 1 2 3 4 5 6 7 8 9
(zum Beispiel Freiheit, Zweifel, Hoffnung, Angst, Liebe, Mut)

Zeitenergie. 0 1 2 3 4 5 6 7 8 9
(Füllst du deine Zeit sinnvoll aus oder hast du das Gefühl, dass dir die Zeit wegrennt?

Geldenergie 0 1 2 3 4 5 6 7 8 9
(Wenn du an Geld denkst, gibt es dir Energie oder raubt es dir Energie?

Wenn du möchtest, male dir die einzelnen Säulen in ein Diagramm auf und überlege dir ganz bewusst, was du ab heute tun kannst, um die jeweilige Säule mit mehr Energie zu füllen.

Ein erfülltes Leben bedeutet für mich, mir einen Wunschweg aufzubauen und diesen konsequent zu gehen. Willst du das auch? Dann zeige ich dir, wie du diesen Weg aktiv visualisieren kannst, um ihn nicht aus den Augen zu verlieren und in jedem Moment zu wissen, wie er aussieht. Ich persönlich mache das jeden Morgen ganz intensiv, mindestens fünf Minuten lang. Abends reflektiere ich dann, was ich erlebt habe. Was für Menschen sind mir begegnet? Waren da jede Menge unbequemer Steine oder konnte ich rennen, springen, im Weiher baden und den Tag heute genießen?

Die meisten Menschen richten sich einen sehr großen Teil ihres Lebensweges nach der Meinung anderer. Nach dem, was andere für angemessen und richtig halten. Nach dem, was gesellschaftlich anerkannt wird. Das Problem hierbei ist, dass es nur den wenigsten bewusst ist. Und genau deswegen ist es mein Wunsch, mit diesem Buch ein Bewusstsein zu wecken, die Brücke zwischen Kopf und Herz zu spannen und genau das zu erkennen.

Ich möchte dich dazu einladen, dich zu öffnen. Dir für einen Moment vorzustellen, dass du vor einer Weggabelung stehst und ganz neu entscheiden kannst, welchen Weg du nun wählst, um mit immer mehr Elan und großen Schritten deinen ganz persönlichen Lebensweg zu gehen.

Was bedeutet es zu leben?

Was bedeutet es zu leben? Die Definition im Wörterbuch sagt: Leben bedeutet lebendig sein, als Lebewesen auf der Welt zu sein, zu existieren, nicht tot zu sein. Aber ganz ehrlich: Ist das wirklich alles? Ist das Leben nicht sehr viel mehr? Erleben wir nicht einen permanenten Austausch mit unserem Umfeld, ein Feuerwerk an Emotionen, Höhen und Tiefen, wenn wir das Leben leben? Ist das Leben nicht auch viel mehr als das, was wir mit unseren Sinnen wahrnehmen können?

"Versuche nicht, das Leben zu verändern. Lass das Leben dich verändern."

Jonas Hilz

Mittlerweile ist dir dein imaginärer Lebensweg vielleicht nicht mehr ganz so unbekannt. Mittlerweile weißt du vielleicht immer klarer, wie dein Weg bis nach Rom aussehen könnte, welchen Wünschen und Träumen auf diesem Weg Leben eingehaucht werden darf. Stell dir vor, du stehst jetzt genau auf diesem Weg. Nimm ihn wieder ganz bewusst mit all deinen Sinnen wahr. Stell dir vor, dass du auf deinem Rücken einen Rucksack trägst. Wie könnte dein Rucksack aussehen? Wie groß oder klein ist dein Rucksack? Wie voll oder leer ist er? Was ist alles darin enthalten? Was davon hast du selbst gewählt und in deinen Rucksack gepackt? Was haben andere in deinen Rucksack gelegt, das du bis heute immer noch mit dir rumschleppst?

Und was davon hat sich hineingeschlichen, was dich vielleicht immer wieder zurückhält, deine Träume zu leben? Etwas, was du vielleicht sogar loswerden willst? Was in deinem Rucksack ist Ballast und was gibt dir wirklich Kraft?
Dann nimm ganz bewusst deinen Weg wahr. Wie breit ist dieser Weg, auf dem du momentan gehst? Gibt es Platz für andere Menschen? Für Menschen, die dich begleiten? Mit welchen Menschen gehst du diesen Lebensweg bereits? Welche geben und welche nehmen Kraft? Wie viele Hindernisse wirst du auf deinem Weg vorfinden? Welche kannst du besser gemeinsam mit anderen Menschen meistern und welche ganz allein?

Leben ist Energie. Alles ist miteinander verbunden. Es existiert ein Lebenskreislauf, der uns mit seiner Komplexität zum Staunen bringt. Leben ist Magie, wie ein Wunder so vielfältig und unglaublich spannend. Wir dürfen es spüren, atmen, sehen und alles darin ausprobieren.

Für mich ist das eines der zentralen Elemente. Ich sehe auf meinem Lebensweg eine unglaubliche Vielfalt an Schönheit. Nimm allein einen Wald: Die Bäume produzieren Sauerstoff, ich produziere Kohlendioxid. Ist es nicht faszinierend, wie Pflanzen permanent Nahrung für mich und für jeden von uns herstellen? Die Natur hat so viele Kreisläufe und alles funktioniert wie ein perfektes Uhrwerk mit einer kaum wahrnehmbaren Leichtigkeit.

Kannst du das auf deinem Weg erleben?

Auch darum soll es in diesem Buch gehen. Doch bevor ich noch weiter in die Tiefe gehe, lass uns von vorne beginnen. Und damit meine ich, wirklich ganz vorne. Lass uns für einen Moment gemeinsam einen Blick auf das Universum werfen.

Mit seinen Millionen und Abermillionen von Planeten ist es noch weitgehend unerforscht. Seine Dimensionen sind unendlich, unergründlich und voller Mysterien. Ich frage mich oft, welche Bedeutung der kleine Planet Erde in diesem grenzenlosen Universum überhaupt hat.

Stell dir vor, wir Menschen sind wie winzige Sandkörner an einem weißen, traumhaften Strand. Auf das gesamte Universum bezogen sind wir eigentlich sogar noch viel, viel kleiner. Darum glaube ich, dass wir uns nicht ganz so wichtig nehmen sollten. Universell betrachtet ist der Planet Erde ebenso nur eines dieser unzähligen Sandkörner. So wie du ein Sandkorn auf der Erde bist und das Bakterium ein Sandkorn in deinem Körper. Wenn wir es genau betrachten, befinden wir uns in einem Universum, das in einem Universum lebt und dieses wiederum in einem Universum lebt. Du kannst es herunterbrechen bis in den kleinsten Organismus und vielleicht ist sogar ein einziges, mikroskopisch kleines Bakterium ein komplettes Universum in sich. Wissen wir es?

Eine wichtige Frage, die sich für mich hier anschließt, lautet: Warum sind wir auf dieser Welt? Ich weiß, die Frage nach dem Sinn des Lebens ist eine der meistgestellten Fragen der Menschheit. Gibt es eine zufriedenstellende Antwort?

Manche Menschen sagen, es geht darum, im Hier und Jetzt zu leben. Das heißt, wir sollen das Leben genießen, um unsere Lernerfahrungen zu machen und womöglich sogar etwas auf diesem Planeten zu bewegen.

Im islamischen Glauben heißt es, dass der Mensch geprüft werde und sich beweisen müsse. Am Ende des Lebens stehe er dann vor dem Jüngsten Gericht.
Ähnliche Ansätze gibt es auch in anderen Religionen. Da geht es darum, „in den Himmel zu kommen" oder „in der Hölle zu schmoren". Weitestgehend einig sind sich allerdings alle darin, dass der Mensch in seinem Leben etwas bewegen, etwas schaffen, etwas kreieren sollte.

Genau genommen geht es um Wachstum und Zerfall. Jeder von uns kann selbst bestimmen, ob er sich eher auf die Seite des Zerfalls oder auf die Seite des Wachstums stellt. Welche Rolle nimmst du ein oder möchtest du in Zukunft einnehmen? Soll dein Leben aufregend, voller Liebe und Bewusstsein sowie bereichernd für dich und andere sein? Wirst du einen aktiven Beitrag dazu leisten oder bist du hier, um dich selbst und unsere Erde zu benutzen und nur zu verbrauchen? Bitte verstehe mich richtig. Leben besteht immer aus beiden Teilen. Die Frage ist: Welcher Teil überwiegt in deinem?

Was ist das stärkste Streben, das wir Menschen in uns haben? Ist es nicht der Wunsch nach Liebe und Freude? Niemand wacht doch am Morgen auf, schlägt die Bettdecke zur Seite und denkt: „Heute möchte ich Hass, Neid und Angst kreieren!" Diese Gefühle beziehungsweise Emotionen sind auch in uns, klar. Sie haben eine – manchmal nicht zu verstehende – Daseinsberechtigung. Doch sie sind nicht das, was wir leben und erleben wollen, wenn wir die Wahl haben. Tief in unserem Inneren streben alle Menschen nach bedingungsloser und reiner Liebe für sich selbst, für die Menschen in ihrem Umfeld und für alle Lebewesen.

Hier ist noch ein spannender Punkt dazu: Wahre Liebe ist nicht nur ein Gefühl. Lieben ist zum Großteil ein Zustand des „Seins" und etwas, was wir tun. Sie ist das Erleben und das Wahrnehmen. Wenn du im Zustand der Liebe bist, bist du gleichzeitig im vollen Bewusstsein aller Sinne.

Doch wir leben nicht im permanenten Zustand der Liebe, auch wenn das erstrebenswert wäre. Wir sind oft gar nicht in der Freude oder im Glück. Vielleicht bist du in diesem Moment auch nicht glücklich. Vielleicht kannst du keine Dankbarkeit in dir spüren. Vielleicht sagst du dennoch zu einem bestimmten Menschen in deinem Leben: „Ich liebe dich." Aber was genau meinst du damit, wenn du das sagst? Empfindest du in diesem Moment wirklich Liebe? Wie kannst du jemanden lieben, ohne im Zustand der Liebe zu sein? In jedem DICH steckt gleichzeitig ein ICH. Wenn du jemandem „Ich liebe dich" sagst, dann meinst du gleichzeitig „Ich liebe mich". Aber was genau bedeutet das, mich selbst oder jemand anderen zu lieben?

Die meisten Menschen antworten darauf: Ich liebe deine Art, wie du bist, deine Schönheit, die Weise, wie du sprichst, dich bewegst. Das alles hat aber wenig mit Liebe zu tun – oder blendet zumindest einen großen Teil aus! Lass uns Liebe als einen Zustand des „Seins" verstehen, aus dem eine Handlung entstehen kann. Auch wenn wir die Liebe nicht in jedem Moment mit unseren bloßen Augen sehen können, heißt das nicht, dass sie nicht da ist. Liebe bedeutet auch: ein reines, bedingungsloses Dienen. Das ist der Moment, in dem du deine eigenen Bedürfnisse vergisst und deine volle Aufmerksamkeit dem anderen schenkst.

Weitere Aspekte der Liebe sind u.a.:

- Harmonie
- Geben
- Annehmen
- Aufmerksamkeit
- Einfühlungsvermögen
- Zuhören
- Bedingungslosigkeit
- Reinheit
- Freiheit
- Lebensfreude
- Begeisterung
- Glückseligkeit

Und ich glaube, dass diese Aspekte uns einen Einblick in die wahre Liebe gewähren. Wir haben somit immer wieder die Möglichkeit, die wahre Liebe zu spüren, egal, ob alleine, im Zustand des „Seins“ oder in der Natur. Ganz egal, wo oder mit wem du dich befindest.

Sie ist immer da, auch in einer Partnerschaft. Aber wie laufen denn die meisten Partnerschaften ab? An dieser Stelle möchte ich den Unterschied zwischen „Partnerschaft“ und „Beziehung“ definieren sowie den Unterschied zwischen „wahrer Liebe“ und „Verliebtheit“. Die meisten Menschen führen Beziehungen und dies bedeutet, dass man sich auf den anderen bezieht. Dies bedeutet eine gewisse Abhängigkeit. Man zieht am anderen, hin und her, hoch und runter. Zum Beispiel: Ich bin nur glücklich, wenn du glücklich bist. Beziehung ist von außen nach innen gerichtet.

Man versucht, die Lücke zu füllen, während eine Partnerschaft immer auf Augenhöhe stattfindet. In einer Partnerschaft hat jeder sein eigenes Leben und schafft sich seine eigene Glückseligkeit. Glücklich sein, unabhängig davon, ob der andere glücklich ist, ist die wahre Erfüllung in einer Partnerschaft. Die Liebe fließt von innen nach außen. Es ist vielmehr eine Bereicherung anstelle eines Versuches, eine alte innere Leere zu füllen. Verliebtheit ist ein rein biologischer, hormoneller Vorgang und hat nicht viel mit wahrer Liebe zu tun. In der Phase der Verliebtheit beziehen sich die meisten auf den anderen. Man verliert sich im anderen.

Wahre Liebe in einer Partnerschaft ist etwas, das sich durch das „Sein“ und das „Tun“ erst entwickelt. Wie zum Beispiel durch Freiheit, Dankbarkeit und Raum. Wer liebt, dient allem. Liebe hat nichts mit Verliebtheit, Gesetz, Ehe, Religion oder sonst etwas zu tun. Ja, das mag jetzt hart klingen, aber Liebe steht über allem. Liebe ist vollkommen und benötigt nichts.

Der Mensch strebt nach Sicherheit und will sich sicher sein. Du willst dir sicher sein, dass dein Partner morgen auch noch da ist. Mach das! Aber sei dir bewusst, dass das NICHTS mit Liebe zu tun hat. Das sind unsere menschlichen Mangelgedanken und unser Ego. Viele Menschen wollen besitzen, doch auch dies hat nichts mit Liebe zu tun. Liebe ist Freiheit.

Wenn du jetzt an deinen Lebensweg denkst, wie dienst du den Menschen und allen anderen Lebewesen, die dir auf diesem Lebensweg begegnen und mit dir ein Stück deines Weges gehen? Schaffst du eine angenehme Umgebung um dich herum, sodass Menschen gern an deiner Seite sind?

Ich möchte dir eine Metapher mit an die Hand geben, die mir sehr gut gefallen hat. Die kleine Anna liebt Schmetterlinge.

Der Frühling bricht an und sie wünscht sich nichts sehnlicher, als Schmetterlinge in ihrem Garten beim Fliegen zu beobachten und sich daran zu erfreuen. Leider kann sie keinen einzigen Schmetterling in ihrem Garten finden.

Eines Tages geht sie auf einer Wiese spazieren, die voller Schmetterlinge ist. Kurzerhand entschließt sie sich, ein paar Schmetterlinge zu fangen, um sie in ihren Garten zu bringen.

Im Garten angekommen, lässt sie die Schmetterlinge frei, um wenige Minuten später zu beobachten, dass diese Schmetterlinge wieder in Richtung Wiese fliegen. Die kleine Anna ist traurig, aber gleichzeitig wild entschlossen, herauszufinden, warum die Schmetterlinge nicht bleiben. Am folgenden Tag entschließt sie sich, zurück zur Wiese zu gehen, um dieses Mal die Schmetterlinge nicht einzufangen, sondern zu beobachten, was die Schmetterlinge bei dieser Wiese hält.

Anna stellt fest, dass auf dieser Wiese Blumen, Farben und viele andere Dinge an Schönheit, die die Natur zu bieten hat, vorhanden sind. Nach dieser Erkenntnis geht sie zurück in ihren Garten, um diesen neu zu gestalten. Sie ist fest entschlossen, den Garten so umzugestalten, dass er ein Paradies für Schmetterlinge wird. Bereits nach einigen Tagen beobachtet sie, wie Schmetterlinge ganz von alleine in ihren Garten geflogen kommen und bleiben.

Sei der Mensch, bei dem du selbst am liebsten sein möchtest.

Bitte versteh mich richtig. In die echte Liebe zu kommen und sie bedingungslos zu leben, kann ein knallharter Prozess sein, der mit sich bringt, dass du alte Wunden heilen darfst, dass du dich nach innen richtest, dass du Liebe nicht mehr im Außen suchst, sondern in deinem Inneren findest.

Der Blick nach innen ist spannend. Er ist wie eine Reise durch eine Abenteuerwelt. Nicht selten treffen wir auf prachtvolle Schätze, verborgene Rätsel, zauberhafte Magie, gleichzeitig auch dunkle Höhlen und Schluchten, die darauf warten, von uns erkundet zu werden.

Auf dieser Reise ins eigene „Ich" begegnen wir uns selbst und erleben unsere innere Gefühlspalette. Diese reicht von der tiefsten Angst bis zur wahren Liebe. Es gibt so viele Gefühle, die von dir entdeckt, gefühlt und gelebt werden möchten. Manche Gefühle sind hinter dicken Mauern eingesperrt, andere wiederum leicht zugänglich. Nimm dir Zeit, um deine Gefühle zu spüren, weil aus Gefühlen Emotionen entstehen können und daraus wieder Handlungen. Gefühle und Emotionen sind ein wunderbarer Indikator, dich selbst kennenzulernen und deine Gedanken zu überprüfen.
Kennst du solche Momente, in denen du ganz plötzlich emotional reagierst und dich danach fragst: Wo kommt das jetzt her? Jeder Mensch reagiert in den verschiedensten Situationen komplett anders und das ist vollkommen okay. Es lohnt sich, an dieser Stelle weiterzuforschen. Denn wenn du dich auf deine persönliche Abenteuerreise begibst, kann es sein, dass dich am Ende die wahrhaftige Liebe erwartet.

Welches Buch mich hierzu sehr inspiriert hat, war: „Liebe, Freiheit und Alleinsein" von Osho.

Die Liebe ist eng verknüpft mit der Dankbarkeit. Wenn du dankbar für etwas bist, füllt sich dein Herz mit Liebe.

Und in einem Zustand des erfüllten Herzens kannst du so viel besser mit vermeintlich negativen Ereignissen umgehen. Wenn du dich zum Beispiel für eine Partnerschaft bedankst, die zu Ende geht, dann gehst du aus dieser Partnerschaft in Liebe. Das ist etwas völlig anderes, als wenn du sie mit Hass, Leid, Schmerz und Beschimpfungen beendest.

An dieser Stelle möchte ich dir ein paar Fragen zum Thema Liebe an die Hand geben, die für dich spannend sein könnten:

- Gebe ich mehr oder nehme ich mehr?
- Diene ich wahrhaftig oder gebe ich nur in Erwartung einer Gegenleistung?
- Liebe ich Menschen, Tiere und Mutter Natur gleich?
- Liebe ich mich selbst?
- Liebe ich so, dass ich bereit bin, meinen Partner auch liebevoll loszulassen, wenn es sein muss?
- Habe ich allen Menschen vergeben für das, was sie getan haben, und vor allem, habe ich mir selbst vergeben, für das, was ich getan habe?
- Wer bin ich wirklich?

Loslassen ist ein wichtiger Prozess in der Liebe. Loslassen gibt Freiheit. Alles Alte muss sterben, damit etwas Neues entstehen kann oder damit wir Neues kreieren können.

Wir lassen Dinge aus der Vergangenheit los, damit wir im Fluss des Lebens bleiben können. Alles ist in einem Energiefluss. Darum ist es wichtig, loslassen zu lernen. Nur wenn du loslässt, bist du offen, neue Liebe und neue Energie zu erfahren. Das Leben besteht aus Wachstum und Zerfall. Das Loslassen besteht aus genau diesem Zerfall. Lass los!
Ich freue mich darüber, dass wir mit diesem Buch ein paar Schritte des Lebensweges gemeinsam gehen. Viele Menschen haben das Gefühl, dass sie gewissen Richtlinien der Gesellschaft unterliegen müssen. Wir glauben, wir müssten perfekt sein, bevor wir etwas anfangen. Dabei ist doch der Weg der Entwicklung das eigentlich Schönste und Spannendste überhaupt. Das Leben als ein Spiel zu betrachten, bringt eine unglaubliche Leichtigkeit mit sich und hilft dir, das Leben aus einem anderen Blickwinkel zu sehen. Spiel dein Spiel des Lebens. Viel Spaß wünsche ich dir dabei.

„Der sicherste Ort für ein Schiff ist der Hafen, aber dafür sind Schiffe nicht gemacht."

William G. T. Shedd

Teil 1: Der Energie-Weg

Deine persönliche Reise

Nun lade ich dich herzlich ein, mit mir das erste Stück Weg zu erkunden: den Energie-Weg. Auf dem Energie-Weg geht es um das Thema Bewusstsein. Und zwar das Bewusstsein dafür, wie du deine Energie bewusst nutzen und mit ihrer Hilfe deine Glaubenssätze überprüfen kannst. Wie du eigenverantwortlich mit ihr umgehst, um in Liebe und Dankbarkeit der Welt zu dienen und Glück zu empfangen.

Jetzt schau dir in Gedanken noch einmal deinen Lebensweg an, den du dir vorhin auszumalen begonnen hast. Stell dir vor, wie du vorankommst. Wenn du diesen Weg gehst, wie bewusst nimmst du die einzelnen Details wahr? Mit welcher Intensität? Ich weiß nicht, was genau du dir vorhin vorgestellt hast. Aber wenn es zum Beispiel ein grünes Blatt an einem Baum war, nimmst du dann wirklich die grüne Farbe wahr? Ist dir bewusst, wo du dich gerade befindest? Je mehr Bewusstsein du für deine Umgebung aufbringst, desto mehr Energie wirst du auch spüren.

Um auf diesem genialen Weg zu gehen, brauchst du eine Grundlage. Die Grundlage für den Energie-Weg ist deine Herzensmission.

Eine Herzensmission ist das, der du hier auf Erden nachgehen sollst. Sie ist wie ein Stern, den du dir formst und dem du dann folgst. Gleich den Hirten und den drei Königen.

Sie folgten damals dem Stern, der ihnen den Weg zu Jesus an die Krippe im Stall von Bethlehem wies. Diesen wegweisenden Stern kannst du dir selbst kreieren.

Oder besser gesagt: Du kannst ihn finden, wenn du nach innen lauschst. Dieser Stern ist der Weg, dem dein Herz folgt, den du erreichen willst. Sei sicher: Wenn es wirklich die Mission deines Herzens ist, wirst du alles dafür tun, ihr zu folgen.

Im folgenden Kapitel zeige ich dir, wie du den Weg zur Herzensmission erreichen kannst und welche Schritte es dir erleichtern, zu deinem Stern zu finden. Es ist wichtig, dass du drei Wege gehst: den Energie-Weg, den irdischen Weg und den ganzheitlichen Weg.

„Aber wie finde ich meine Herzensmission?", fragst du dich jetzt vielleicht.
Ich glaube persönlich daran, dass die Herzensmission uns bereits mit unserem Vornamen gegeben worden ist, wir sie aber noch nicht genau kennen. Dazu später mehr im Abschnitt „Macht der Gedanken".

Deine Herzensmission wird dich finden. Achte auf die Zeichen! Ein unbewusster Mensch wird seine Herzensmission nicht sehen können, auch wenn sie bereits präsent ist. Deshalb ist das Bewusstsein so wichtig. Ich möchte dir die folgende Metapher mitgeben:

Stell dir vor, dein Vorname ist das Navigationssystem deines Lebens und es ist darauf eingestellt, dich an die schönsten Orte und in die traumhaftesten Gegenden zu bringen, die du dir für dein Leben vorstellst. Auf diesem Weg ist deine einzige Aufgabe, zu beobachten, was deine Herzensmission ist, und diese dann zu erfüllen.

Verspürst du auch ein inneres Bedürfnis, aber weißt einfach nicht, wie du es stillen kannst? Damals habe ich auch nicht gewusst, wie ich dieses Bedürfnis stillen soll. Egal, was ich ausprobiert habe, es hat mich nicht erfüllt und ich habe die Zeichen nicht gesehen. Drei Jahre nach meiner Ausbildung als Sport- und Gymnastiklehrer erging es mir so. Ich war planlos. Erst als mich eine Freundin auf ihr Fitness-Studio hinwies und meinte, dass sie dort Personal Trainer suchten, erkannte ich die Chance. Daraufhin führte ich ein Gespräch mit dem Trainingsleiter von einer sehr bekannten Fitness-Studiokette. Jedoch fehlten mir 2000 Euro, um mich in das Franchise-System einzukaufen, und ich wusste nicht, was ich tun sollte. Drei Tage später erhielt ich einen Modelauftrag im Wert von 2000 Euro und in DIESEM MOMENT wusste ich: DAS ist MEIN Weg. Wenn du auf deinem Weg bist und nach deinen Werten handelst, dann hast du gute Chancen, dass dir Menschen begegnen, die dich deiner Herzensmission näher bringen. Vielleicht sind es auch andere Begegnungen wie zum Beispiel mit Tieren oder der Natur, die dir klar aufzeigen, wo für dich der Weg hingeht. Wichtig ist nur, dass du wirklich achtsam die Zeichen wahrnimmst, die immer wieder an dich herangetragen werden. Dies kannst du nur ganz bewusst im Hier und Jetzt wahrnehmen.

Die Herzensmission ist für jeden individuell. Aber wenn du schon eine Ahnung hast, in welche Richtung deine Reise gehen soll, dann hast du mit Sicherheit bereits die Liebe und Fülle gespürt, die im Leben auf dich warten.

Doch eines ist klar: Wir sind in jedem Moment von unendlicher und unermesslicher Fülle und Liebe umgeben.

Und damit möchte ich wirklich mit einer der größten Illusionen aufräumen, der die Menschheit überhaupt nur unterliegt. Auch ich dachte die meiste Zeit meines Lebens, Fülle sei etwas, was man erst finden muss.

Aber das stimmt nicht! Tatsächlich ist Fülle immer da. Lass mich dazu folgende Geschichte erzählen:

Es war einmal ein altes Ehepaar, das vor über hundert Jahren irgendwo auf dem Land lebte. Die beiden wohnten dort schon ihr ganzes Leben lang. Beide kannten nichts weiter als das, was sich in ihrer unmittelbaren Umgebung befand. Alles, was sie kannten, um in ihrer kleinen Hütte Licht zu machen, waren Kerzen und eine Petroleumlampe. Ab und zu kamen fahrende Händler vorbei und erzählten ihnen etwas von Elektrizität.

Doch sie hatten noch nie Erfahrung mit Elektrizität gemacht. Nun zogen die beiden Eheleute für die letzten Jahre ihres Lebens in ein Städtchen, um ihren Kindern näher zu sein. Sie wohnten in einem kleinen Haus, dessen Zimmer mit 10-Watt-Glühbirnen erleuchtet wurden. Sie standen erst einmal eine Weile am Lichtschalter und betätigten ihn immer wieder, so begeistert waren sie von dieser „Elektrizität".

Mit einem Knopfdruck Licht zu machen, war für sie reine Zauberei. Sie kannten Licht bisher nur von Himmelskörpern und Feuer. Hier konnten sie sich aber nicht mal die Finger verbrennen. Sie waren total begeistert.

Elektrizität ähnelt in mancherlei Hinsicht der Kraft, die wir in unserem Leben nutzen. Wir können sie für positive Dinge einsetzen, wie Essen kochen, aber wir können auch damit töten.

Nachdem das ältere Paar sich an das neue Konzept gewöhnt hatte und das Licht jeden Tag ganz normal an- und ausschaltete, klopfte ein Händler an ihre Tür. Er hielt eine Glühbirne in der Hand und erzählte ihnen, dass die kleinen 10-Watt-Glühbirnen, die sie benutzten, nicht mehr gut wären und dass man inzwischen viel helleres Licht mit 60-Watt-Glühbirnen erzielen könnte. Sie ließen sich zeigen, wie eine 60-Watt-Glühbirne ihr Zimmer heller machte, als es ihre 10-Watt-Birnen taten. Die Eheleute konnten kaum glauben, dass all dieses Licht aus einer einzigen Birne kam.

Heutzutage gibt es sogar LED-Lampen, die mit nur 9-Watt die Helligkeit einer früheren 60-Watt-Glühbirne erreichen.

Wenn man sich jetzt vorstellt, man wolle den alten Leuten erklären, dass die Zauberei nicht in der Birne stecke, sondern die Kraft, also die Elektrizität, schon immer da war, sie würden es einem nicht glauben.

Genauso ist es mit unserer Lebenskraft. Um in der Metapher zu bleiben: Wir haben von Geburt an so viel Kraft in uns, dass wir ganze Städte, vielleicht sogar ganze Länder oder mehr erleuchten könnten. Wir dürfen die Glühbirne – also uns selbst – so weiterentwickeln, dass wir das Strahlen in die Welt hinaustragen können, anstatt wie eine kleine 10-Watt-Glühbirne kaum einen Raum zu erleuchten.

Erhelle die Welt mit deiner Herzensmission.

Der allererste Schritt, um dahin zu kommen, ist, dich für Persönlichkeitsentwicklung (Persona = Maske) zu öffnen. Ich nehme gerne die Metapher von einem verwickelten Wollknäuel (Maske), das wieder „ent-wickelt" werden muss, damit wir unser wahres Potenzial leben können.
Zur Zeit unserer Geburt haben wir noch klare, saubere Wollfäden. Im Laufe unseres Lebens nehmen wir von unseren Eltern, Geschwistern, Mitschülern und vielen anderen immer mehr Programmierungen und Glaubenssätze unbewusst auf, die uns im Leben mehr blockieren, als dass sie uns dienen. Das Wollknäuel wird immer dicker und schlussendlich undurchsichtig. Unsere Aufgabe ist im allerersten Schritt, dieses Wollknäuel wieder zu entwickeln, damit wir saubere und klare Wollfäden haben. Das schaffen wir, indem wir immer bewusster werden und tiefer ins Innere hinabtauchen, um dann endlich unser wahres Potenzial zu leben.

Das ist der Moment, in dem du authentisch bist. Somit wissen wir, dass Persönlichkeitsentwicklung – genau wie dieses Buch, das du gerade liest, – nur dazu da ist, sich zu entdecken, zu erforschen und kennen zu lernen, wer du wirklich bist. Ich hoffe, dass dies deinen Blickwinkel für die Persönlichkeitsentwicklung nochmal etwas ändert.

Umso mehr wir uns entwickeln (bewusster werden), umso empfänglicher sind wir für das Gesetz der Anziehung und können uns somit ein Leben kreieren, das wir wirklich leben wollen.

> ***„Was du weißt, kann jeder lernen. Wer du bist, kann niemand sein.“***
>
> ***Jonas Hilz***

Bewusstsein – bewusst sein

„Ich lebe, wie ich fühle. Ich fühle, wie ich denke. Ich denke, wie ich bin.“

Jonas Hilz

Auf deinem Lebensweg wirst du ganz von allein an Abzweigungen kommen und Entscheidungen treffen. Auch das gehört zum natürlichen Lauf des Lebens. Vielleicht musst du sogar eines Tages eine komplett neue Straße oder einen komplett neuen Weg bauen, weil der Weg, den du gehen willst, noch nicht existiert. Das kannst du aber nur dann, wenn du weißt, wohin du möchtest, wenn du weißt, wie dein Weg aussehen soll. Mach dir immer wieder klar und werde darüber bewusst, was wirklich wichtig in deinem Leben ist.

Was bedeutet Bewusstsein? Auf welchen Ebenen muss ich in diesem Zusammenhang auf meinen Lebensweg schauen? Was hat das alles mit mir zu tun? Unser Bewusstsein ist die Grundlage, eine Entscheidung im Einklang mit unseren Werten, dem Ruf unseres Herzens und unserer Seele zu treffen. Will ich stehen bleiben oder will ich weiter nach vorne gehen? Will ich irgendwo abbiegen oder möchte ich vielleicht sogar eine neue Straße bauen? Stimmt das alles für mich noch – oder nicht?

"Die Definition des Bewusstseins ist Klarheit und Erkenntnis."

Dalai-Lama

Das Thema Bewusstsein ist eng mit dem Thema Energie verbunden. Es geht um dein inneres, tiefes Bewusstsein und die Fragen: Wer bin ich überhaupt? Wie wirkt meine Energie und was strahle ich aus? Also kurz gesagt: Es geht darum, wie du dein „Sein" wahrnimmst, formst und zum Ausdruck bringst, ohne die Einwirkung von all den Dingen, die tagtäglich an der Oberfläche plätschern und uns davon abhalten, wirklich in die Tiefe zu gehen. Es geht um Themen, die einfach da sind, ohne dass du dir darüber bisher Gedanken gemacht hast. Gleichzeitig geht es doch darum, alle unsere Tätigkeiten so bewusst wie möglich anzugehen und unsere Gedanken und Gefühle so bewusst wie möglich wahrzunehmen.

In diesem Abschnitt werde ich sehr offen sein und möchte dich einladen, dich darauf einzulassen. Ich werde Themen ansprechen, die dir vielleicht noch fremd sind sowie dir auch ein paar Empfehlungen geben, für den Fall, dass dich das Thema tiefer interessiert und du dich damit weiter auseinandersetzen möchtest. Ich kann es dir nur hundertprozentig empfehlen, denn das Thema Bewusstsein hat mir viele neue Erkenntnisse und Wege eröffnet. Bevor wir starten, nimm dir einen kurzen Moment Zeit.

Halte inne.

Atme jetzt einfach mal tief ein und aus.
Lass einfach mal alles los.

Lege deine alten Glaubenssätze und deine alten Programmierungen in eine gedankliche Schublade und mache Platz für Neues.

Eine kleine innere Stimme in dir sagt vielleicht gerade: "Was ist denn das für ein Quatsch!?"

Lass dich auf das Kommende einfach mal ein und schau, was es mit dir macht. Lies die folgenden Seiten wirklich ganz bewusst durch. Schreib dir eventuell auf, an welchen Stellen du negative Gedanken hast, und nimm dir die Zeit, manche Passagen im Buch zu reflektieren. Wenn etwas in dir rebelliert, dann frage dich: „Warum triggert mich das jetzt gerade?"

Bewusstsein – Was heißt das überhaupt? Zum einen hast du ein menschliches Sein. Du denkst und handelst in einer dir bekannten Welt. Das ist dein Ego, das du kennst und das du – seit deiner Geburt – immer mehr kennenlernst.

"Ich denke, also bin ich."

René Descartes

Mit diesem Ausspruch hat René Descartes nicht das tiefere Bewusstsein gemeint. Er wusste, das tiefere Ich-Bewusstsein erwacht, wenn du ins Nichts gehst.

Erst dann, wenn du präsent bist und nicht denkst, kann dein tiefes ICH-Bewusstsein zur Geltung kommen. Wenn du zum Beispiel regelmäßig meditierst, wirst du – anfangs sicher nur ganz kurz, später auch länger – dein Bewusstsein spüren und erahnen.

Wenn du mit offenen Augen meditierst und etwas anschaust, dann ist es nicht deine Aufgabe, über die Wandfarbe oder über den Gegenstand im Fokus nachzudenken. Das bringt dich deinem tieferen Bewusstsein nicht näher. Was du versuchen solltest, ist, an dieser Stelle wirklich nach innen anstatt nach außen zu schauen. Du willst in die Leere. Ins Nichts. Ohne Gedanken. Ohne Ablenkungen. Ohne Grenzen. Aus unüberwindbaren Grenzen werden plötzlich überwindbare Möglichkeiten. So, als ob du durch Wände gehen kannst. Das klingt jetzt vielleicht ein wenig eigenartig, doch ich möchte dich einladen, auf diese Reise in dein Bewusstsein zu gehen. Ich kann dir jetzt noch nicht sagen, was dich erwartet, aber du darfst gespannt sein, so wie du es als Kind warst, bevor du das erste Türchen des Adventskalenders geöffnet hast. Sei sicher, es werden viele Überraschungen auf dich zukommen.

Je bewusster du mit dir und deiner Umwelt wirst, umso leichter fällt es dir, die Spielregeln der Welt zu nutzen und Spaß daran zu haben.

Auf die Praxis bezogen: Wenn du also zum Beispiel weißt, wie der Arbeitsmarkt funktioniert, wie soziales Miteinander und Liebe funktionieren, dann kannst du in diesen Bereichen viel bewusster handeln und Erfolge mit Leichtigkeit erzielen.

Bewusstsein geht sogar so weit, dass du jede Situation ganz bewusst als angenehm oder positiv wahrnehmen kannst, indem du deine Wahrnehmung schärfst und zu steuern lernst. Du kannst zum Beispiel mit einer Freundin oder einem Freund in einem hochkarätigen Fünf-Sterne-Hotel Urlaub machen und dich super fühlen. Gleichzeitig fühlt sich deine Freundin oder dein Freund unwohl, weil sie oder er sich darüber ärgert, dass schlechtes Wetter ist.

Du betrachtest die Sache ganz anders. Es ist kein schlechtes Wetter, sondern es ist einfach regnerisch und du genießt dafür einfach mehr den Wellnessbereich und tanzt im Regen. Es ist alles eine Sache von Perspektive und Bewusstsein.

In diesem Zusammenhang spielt die „selbsterfüllende Prophezeiung" (Gesetz der Anziehung) eine wichtige Rolle. Dieses natürliche Gesetz besagt, dass du immer genau das bekommst, was du aussendest. Ähnlich wie bei einem Radiosender. Welche Frequenz hast du gerade eingestellt? Hohe (positive) Frequenzen, wie zum Beispiel Liebe? Oder niedrige (negative) Frequenzen, wie zum Beispiel Hass?

Wenn du also in negativen Gedanken hängst und dich darüber aufregst, dass dir nur Negatives widerfährt, dann wird genau das eintreten und du bekommst davon mehr.

Wenn du dich allerdings auf die positiven Aspekte des Lebens konzentrierst und dich über die Fülle freust, wirst du auch Fülle anziehen. Ja, besser noch: Du wirst sie sogar potenzieren. Das heißt, dir wird es immer besser und besser gehen.

Das ist ein ganz natürlicher Prozess. Dir darf in jedem Moment bewusst werden, dass du der Entscheider bist. Du bist der Kreateur und du allein entscheidest, wie dein Leben aussieht. Wichtig ist vor allem die Frage, wie viel Energie du in einen Gedanken reinpackst und welcher Energieanteil stärker ist: der negative oder der positive Gedanke?

Noch ein Vorteil eines starken Bewusstseins ist, dass du immer weniger angreifbar für negative Menschen bist. Notorisch nörgelnde Menschen, die ständig nur jammern, können dich dann nicht mehr herunterziehen. Und auch Menschen, die dich verletzen oder dich klein machen wollen, können dir nichts mehr anhaben.

Sollte also zum Beispiel jemand auf dich zukommen, der dir schaden will, indem er dich beleidigt, dann greift dein positives Bewusstsein und du kannst ganz entspannt bleiben, anstatt auszurasten. Ein Mensch kann meiner Meinung nach nichts Besseres tun, als alles, was ihm widerfährt, anzunehmen und zu reflektieren, sich immer wieder die Frage zu stellen, warum ihm das widerfährt, um dann daraus die Konsequenzen für sein Handeln zu ziehen.

Das ist quasi die Überholspur zu persönlichem Wachstum. Eine Abkürzung gibt es übrigens nicht, das wäre doch auch langweilig, oder? Aber da bin ich ehrlich gesagt auch ganz froh drüber.

Der beschriebene Weg braucht allerdings auch Mut. Es wird immer wieder Herausforderungen geben. Große Wellen, ungeahnte Strömungen und Strudel.

Jede Herausforderung schenkt dir die Möglichkeit, ein immer besserer Schwimmer zu werden, damit du deinen Sprung ins Wasser, in den Fluss des Lebens wagen kannst. An manchen Stellen ist es enorm wichtig, gesellschaftliche Normen und soziale Regeln, nach denen du lebst, zu hinterfragen, damit du nicht gegen deinen ganz individuellen Lebensstrom fließt. Entscheide ab sofort immer selbst, was für dich Bedeutung haben soll.

Ich möchte mit dir meine persönliche Lebensformel teilen. Das sind die Schritte, wie ich fast alle Situationen in meinem Leben meistere:

1. Als Erstes betrachte ich die Situation.
2. Dann reflektiere ich sie.
3. Was nicht gebraucht wird, lasse ich los.
4. Ich gehe in die Handlung.
5. Ich verspüre die Dankbarkeit für diese Erfahrung und genieße das Gefühl.

Ich frage dich: Was ist für dich wirklich wichtig? Was möchtest du in deinem Leben wirklich machen – jenseits von allem, was andere von dir erwarten? Bitte betrachte diese Punkte, ohne permanent im Hinterkopf zu haben, was andere davon halten. Überlege, was dir persönlich wichtig ist. Es geht einzig und allein um deine Wahrnehmung. Du machst eine Inventur deiner Glaubenssätze und Lebensregeln. Es kann sein, dass sich während dieses Prozesses einige Menschen von dir lösen werden. Dein neues Selbstbild wird ab jetzt ein ganz neues Umfeld anziehen. Das wiederum wird deine Persönlichkeit fördern und stärken.

Es ist elementar wichtig, wie du von deinem Umfeld, deiner Arbeit, deiner Familie denkst und wie du dir damit deine eigene Welt erschaffst. Jeder Gedanke, den du heute denkst, ist der Samen deiner Zukunft. Alles, was du heute in deinem Leben wahrnimmst, waren einst die Samen deiner Vergangenheit, die du bewusst oder unbewusst gesät hast. Entscheide ganz bewusst, welche Samen und welche Gedanken du ab heute säst. Es ist somit essentiell, was du über dich selbst denkst. Alles fängt bei dir selbst an.

"Liebe deinen Nächsten wie dich selbst!"

Jesus Christus

Lass mich das Zitat mit meinem eigenen ergänzen:

"Liebe alles, wie dich selbst!"

Jonas Hilz

Das heißt, du kannst deine Nächsten, also deine Familie, deine Freunde, deinen Partner, die Natur, die Tiere, einfach alles nur so lieben, wie du dich selbst liebst. Es bringt nichts, wenn du nur andere liebst und dabei vergisst, auf dich selbst zu achten. Gleichzeitig ist das Dienen für andere ein wichtiger Bestandteil der Liebe. Beides gehört zusammen: Selbstliebe (Liebe für dich) und das Dienen (Liebe für andere).

Mit dir selbst zu beginnen, ergibt Sinn. Dabei meine ich weder Egoismus noch Narzissmus. Ich spreche davon, bewusst zu sein für dich, deine Bedürfnisse und Wünsche, in der Lage zu sein, Zeit mit dir alleine zu verbringen. Gerade in der heutigen schnelllebigen Zeit, in der wir so oft im Außen abgelenkt sind. Viele von uns müssen erst einmal lernen, was Liebe bedeutet und wie man sich selbst liebt. Das haben wir verlernt.

Erst wenn wir uns lieben, gesellen sich andere Menschen, die wirklich auch in der Tiefe zu uns passen, dazu. Ganz automatisch. Beginne zum Beispiel damit, dich jeden Morgen und Abend ganz liebevoll im Spiegel zu betrachten und dich zu berühren.

Beobachte dein Sein und versuche, ganz liebevolle Gedanken über dich zu denken. Ich kenne so viele Menschen, denen es wirklich schwerfällt, einfach das Leben zu feiern, die Hemmungen haben, Musik anzumachen und durch die Gegend zu tanzen, wenn sie ein Bedürfnis danach verspüren. Menschen, die sich schwertun, loszulassen.

Mein Rat: Traue dir selbst, schenke dir und anderen Menschen Liebe. Spüre Liebe. Wenn ich von Liebe spreche, dann meine ich auch das Lächeln für den Menschen, der dir auf der Straße entgegenkommt. Machst du das schon? Die meisten Menschen gehen durch die Welt, bewerten Situationen und Menschen. Sie teilen in Gut und Böse ein, in richtig und falsch.

Man beginnt, sich mit anderen zu vergleichen. Das fühlt sich meist nicht gut an. In einem solchen Moment fängt man in der Regel sofort an, zu urteilen oder zu verurteilen, um sein Selbstbild aufrechtzuerhalten. Doch Liebe urteilt nicht, Liebe fügt zusammen. Liebe ist so viel mehr als alles, was wir uns vorstellen können.
Du darfst mit Liebe erkennen, dass du mit all deinen Schwächen, Stärken, Eigenschaften, deinem Aussehen, deinem Geist und deiner Seele ein perfektes, wunderbares Ganzes bildest.

"Liebe - und tue, was du willst."

Der Heilige Konstantin

Ich möchte dir ein Beispiel geben. Für eine Führungspersönlichkeit in einem Unternehmen spielt die Selbstliebe eine große Rolle. Sobald du, als Chef eines Teams, dich selbst liebst, kannst du diese Liebe nach außen tragen, die Stärken deiner Mitarbeiter erkennen, sie gezielt einsetzen und als ihr Vorbild auftreten. Das wird sich deutlich in den Leistungen der Mitarbeiter widerspiegeln.

Nächstenliebe geht aber noch viel weiter. Erinnere dich an das Zitat von Jesus: Er redet nicht nur über die Liebe zu uns und zu Menschen, sondern auch über die Liebe zur Natur. Wenn wir über die Themen Bewusstsein und Liebe reden, darf in meinen Augen auch die Frage nach einem vegetarischen oder gar veganen Lebensstil nicht fehlen.

Nein, ich möchte dich in diesem Buch nicht in eine bestimmte Richtung drängen, sondern nur den Gedanken aufwerfen, ob du die Liebe zur Natur, die Liebe zu den Tieren, mit Fleischkonsum in Einklang bringen kannst. Es ist deine Entscheidung, die Entscheidung eines jeden Einzelnen, solche Fragen für sich zu erforschen und auf dem Weg die Antwort zu finden.

Abschließend ist es mir wichtig, dass dein Bewusstseinskonstrukt in sich stimmig ist und sich daraus dein Leben formt, welches du dir wünschst. Arbeite kontinuierlich daran.

Energie

Ob sich vor dir entweder das Paradies oder aber das Gegenteil entfalten wird, hängt davon ab, mit welcher Energie du deinen Lebensweg gehen wirst. Du hast die Kraft, dir deinen eigenen Weg zu gestalten – und zwar mit der Energie, die du aussendest.

„Sei du selbst die Veränderung, die du dir wünschst für diese Welt."

Mahatma Gandhi

Ich glaube fest daran, dass diese Weisheit wahr ist. Wenn wir etwas verändern wollen, müssen wir uns selbst verändern. Die meisten Menschen allerdings wollen immer die anderen Menschen und ihr Umfeld verändern, um ihr eigenes Leben zu verbessern. Das wäre so viel bequemer, funktioniert aber leider nicht. Wenn wir akzeptieren, dass wir selbst die Veränderung sind, dann verändert sich auch unser gesamtes Leben. Wenn du deine eigenen Energien, etwa deine Gedanken, veränderst, ziehst du auch andere Energien, andere Menschen und Situationen, an.

Du schaffst dir dein eigenes Energiefeld. Ich möchte dir erklären, wie das funktioniert. Vorhin habe ich dir erzählt, dass alles Energie ist und alles eine bestimmte Energie aussendet: Menschen, Tiere, Gegenstände, Pflanzen, ja sogar Felsen.

Wie du vielleicht in der Naturwissenschaft gelernt hast, kann Energie in verschiedenen Formen auftreten. Sie kann statisch, dynamisch, flüssig oder gasförmig sein. Nehmen wir als Beispiel einen Eisblock. Er ist relativ statisch (aus der Sicht unserer Wahrnehmung). Wenn du diesen Eisblock aber mit Energie bestrahlst, zum Beispiel in Form von Wärme, dann fängt er an zu schmelzen, und wird zu Wasser. Wenn es heißer wird, erreicht das Wasser irgendwann den Siedepunkt und wird zu Wasserdampf. Das heißt im Klartext: Durch Energie kannst du den Zustand verändern.

Ein anderes Beispiel ist das Saunieren. Wenn du in der Sauna bist, führst du deinem Körper Wärmeenergie zu. Dein Körper reagiert mit Wasser, das aus deinen Poren heraustritt. Auch hier tritt eine Veränderung ein, die durch Energie hervorgerufen wurde. Gleiches gilt auf mentaler Ebene: Mit Gedanken, die auch nichts anderes als energetische Frequenzen sind, veränderst du deine eigene Welt und gleichzeitig auch die Erde, auf der wir leben. Stell dir vor, welche unglaublichen Chancen das für uns hat.

„Was wir Materie nannten, ist Energie, dessen Schwingung so gesenkt wurde, dass sie für die Sinne wahrnehmbar wird."

Albert Einstein

Jede Erfindung fing mit einem Gedanken an. Es gibt nichts, was ein Mensch je hervorgebracht hat, das nicht mit einem Gedanken begann. Hier ein kleiner Hinweis: Eigentlich erschafft der Mensch nichts, da bereits alles in der Natur vorhanden ist und der Mensch nur transformieren, verändern und zusammenfügen kann. Aus einem Gedanken „Materie" zu machen, ist somit eine Transformation. Einfachheitshalber nehmen wir trotzdem das Wort erschaffen. Gedanken kann man nicht sehen, sie sind wie „Nichts". Das heißt, aus nichts ist „Materie" entstanden. Allerdings ist dieses „Nichts" tatsächlich eine messbare Energie.

„Du kannst nur erschaffen, was bereits da ist."

Jonas Hilz

Es gibt Menschen, die behaupten, erfolgreiche Menschen haben einfach nur Glück im Leben. Aber das ist viel zu einfach gedacht. Was meine ich damit? Nun, aus spiritueller Sicht treten Ereignisse ein, wenn man sich gedanklich in die Energie jener Ereignisse bringt und sie dadurch wie ein Magnet anzieht. Also je mehr man an das gewünschte Ereignis denkt und es fühlt, desto wahrscheinlicher ist es, dass es eintritt.

An was denkst du zurzeit am meisten?
Welche Gefühle durchströmen dich momentan am meisten?

Allein diese Fragen sind pures Gold wert! Wichtig ist auch zu wissen, dass kein Mensch immer in derselben Energie ist. Wir verändern sie ständig. Es wäre eine Illusion, zu glauben, man könne sich einmal in eine höhere Energie-Frequenz bringen und dann ewig darin verharren. Wir wechseln allein im Laufe eines Tages unzählige Male unsere Energie – je nachdem, was wir erleben. Der Kompass dafür sind deine gegenwärtigen Emotionen. Verstehe, dass alles an Energie bereits in dir steckt und du jederzeit die Kraft dieser Energie nutzen kannst.

Aus ihren physikalischen Eigenschaften heraus ergibt sich, dass verschiedene Energien sich gegenseitig beeinflussen. Daher ist es von enormer Bedeutung, mit welchen Menschen man sich umgibt. Schon ein einziger negativ eingestellter Mensch könnte ausreichen, um einen anderen Menschen zu beeinflussen, so zu beeinflussen, dass er anschließend auch negative Gefühle wahrnimmt oder sich „runtergezogen“ fühlt.

In diesem Moment kann es wirklich sein, dass du energetisch in eine niederschwingende Energie gezogen wirst. Ich nehme an, dass die meisten Menschen bereits solche Erfahrungen gemacht haben. In der Umgangssprache werden solche negativ eingestellten Menschen auch gern „Energiefresser" genannt. Geh in eine Halle mit 1000 negativ eingestellten Menschen und versuch mal, deine positive Energie aufrechtzuerhalten. Schwierig bis fast unmöglich. Umgekehrt übrigens genauso. Deswegen sind Seminare so wertvoll. Vielen passiert das, ohne dass sie es merken. Doch wer achtsam und bei sich ist, kann oft schon mit seinem Bauchgefühl erfühlen, ob die Gesellschaft eines Menschen ihm guttut. Ob sie ihn auf eine höhere Energie hebt – oder nicht.

Auch Nahrung hat Energie. „Du bist, was du isst", sagt der Volksmund. Und er hat Recht. Was isst du? Dinge haben Energie. Mit welchen Dingen umgibst du dich? Welche Energie überwiegt bei dir tagtäglich? Die negative oder die positive? Von Natur aus zieht es jeden Menschen eher zu positiven Energien hin. Harmonie, Freude, Liebe, Dankbarkeit, Optimismus und Hingabe haben eine positive Bedeutung im menschlichen Sprachgebrauch und zählen zu den positiven Energien. Auf der anderen Seite des Spektrums finden sich Schuld, Scham, Kummer, Zweifel, Neid, Gier oder Ärger. All diese Gefühle sind eher niedrigschwingend und daher negativ.

Nun könnte man davon ausgehen, dass es recht einfach ist, sich sein Wunschleben zusammenzudenken. Ja und nein.

Man zieht jedoch nicht nur das an, was man denkt und fühlt, sondern auch das, wer man glaubt zu sein. Es spielen also zwei Komponenten eine Rolle: a) zu erkennen, wer man ist, und b) sein Unterbewusstsein auf die Dinge, die man will, neu zu programmieren. Sei bereits jetzt der Mensch, der du werden willst, und fühle die Zukunft im Hier und Jetzt.
Es gibt zwei Möglichkeiten, dein Unterbewusstsein neu zu programmieren:

1) Emotionaler Schock, wie zum Beispiel ein Schicksalsschlag, Katastrophen oder Krieg.
2) Tägliche Programmierung durch Wiederholung: Überleg dir, wer du sein willst, und schreibe es auf. Wiederhole diese Sätze tagtäglich. Denke und fühle sie. Am Anfang könnte es sein, dass dein Bewusstsein dir sagt: Das kann nicht stimmen.

Mit der Zeit wirst du anfangen, daran zu glauben, es als wahr zu empfinden und dann verwirklicht es sich. Die Macht der Wiederholung. Wir schaffen eine neue Realität.

Schreibe dir jetzt zwei Sachen auf, die du erreichen willst. Schreibe es im Präsens und positiv formuliert auf. Jeden Tag so oft, wie du nur kannst. Wie damals in der Schule, wenn du eine Strafarbeit aufbekommen hast. Erinnerst du dich noch?

„Überlege dir, wer du SEIN willst, und nicht, was du haben willst."

Jonas Hilz

Energie kann man nicht austricksen. Wenn man sich beispielsweise in einen Zustand hineinredet, ihn aber nicht aus tiefstem Herzen und mit seinem ganzen System fühlt, spiegelt sich das in der Energie wider. Man könnte sagen, die Energie ist der ehrlichste Spiegel, den wir uns vorhalten können. Denn Worte, laut ausgesprochen oder auch nur leise in unserem Inneren gesagt, haben noch keinen Wert, wenn sie nicht mit dem entsprechenden Gefühl versehen und untermauert werden.

Deshalb sind die Möglichkeiten, dein Unterbewusstsein neu zu programmieren, so wichtig. Wiederholen, wiederholen, wiederholen. Bis du es für wahr hältst. Mach das!

Du kannst jederzeit deine Energie ändern. Du bist immer nur einen Gedanken entfernt. Dein Körper ist in der Lage, von jetzt auf gleich zu bestimmen, dass es dir gut geht und dass du zufrieden und ausgeglichen bist. Du kannst quasi auf Knopfdruck aktiv deinen Zustand verändern, der wiederum deine zukünftigen Zustände positiv beeinflussen wird.
Schließ für einen Moment deine Augen und denk an eine Situation in deinem Leben, in der du unendliches Glück empfunden hast. Der allererste Gedanke, der dir gerade kommt. Tauch ganz in diese Situation ein und versuch, sie mit all deinen Sinnen noch einmal zu fühlen. Nimm die Veränderung in dir wahr. Ehrlich, du hast wirklich jeden Tag neu die Möglichkeit aufzustehen, in den Tag zu starten und Freude als deinen Leitsatz für den Tag zu wählen. Wie das geht, erkläre ich dir im nächsten Abschnitt. Viel Spaß beim Experimentieren.

Eigenverantwortung im Umgang mit deiner Energie

Menschen versuchen, ihre Partner, Familienmitglieder oder Freunde zu verändern – Das haben wir schon klargestellt. Die Regierung sagt, die Bürger müssen sich verändern. Die Bürger sagen, die Politiker müssen sich verändern. Menschen, die sich selbst für gut und aufrichtig halten, wollen, dass sich die Menschen verändern, die sie für schlecht halten. Dadurch entsteht eine Pattsituation, weil die anderen ganz genauso denken, nur umgekehrt. Hier kommt niemand weiter.

Auch auf deinem Lebensweg wirst du vielleicht nicht immer das Gefühl haben, dass schon alles so ist, wie es sein soll. Vielleicht denkst du, dass die Blumen am Wegesrand mehr Wasser brauchen könnten und jemand sie gießen müsste. Selbst aktiv zu werden, ist da die beste Variante! Denn alles fängt bei dir an! Es kann sein, dass bis zum Sankt-Nimmerleins-Tag kein anderer Mensch auf die Idee kommt, diese Blumen zu gießen. Also, worauf wartest du? Wenn du die Veränderung in der Welt sehen willst, dann beginne bei dir!

Erinnerst du dich an eine Situation in deinem Leben, als du versucht hast, jemand anderen zu ändern? Und, hat es funktioniert? Ich bin sicher, durch deine Intention sind einige Konflikte entstanden.

Und erst als du begonnen hast, diese Situation beziehungsweise diesen Menschen so zu akzeptieren, wie sie oder er ist, hat sich der Konflikt plötzlich aufgelöst. Stimmt's?

In solchen Momenten merken wir, dass nur etwas von Wert ist, wenn wir uns selbst verändern. Dann erst können wir eine Situation oder einen Menschen akzeptieren. Sei dankbar für die Situation, weil erst dann sind wir in der Lage, einem anderen Menschen und uns selbst zu vergeben. Für mich ist es wichtig, dass du eins verstehst: Wir müssen aufhören, die Verantwortung anderen zuzuschieben oder anderen die Schuld für etwas zu geben. Es kann nur kurzfristig funktionieren, wenn man beispielsweise einer Person Schuld zuschreibt, weil sie nicht so handelt, wie wir es erwarten. Wir geben so oft anderen die Schuld.

Unseren Eltern, der Schwester, dem Onkel, der Freundin, unseren Kollegen, dem Kind oder dem Partner. Früher oder später wehren sich die Menschen und die Konflikte nehmen kein Ende. Macht das Sinn für dich? Denn überleg mal, wie es sich für dich anfühlt, wenn jemand permanent an dir herumwerkeln will, weil er meint, du seist so nicht richtig. Langfristig schafft man so weder Harmonie noch Platz für reine Liebe in seinem Leben. Eine Armee kann in ein Land einmarschieren und die Bevölkerung unterdrücken. Die Menschen werden sich dem zunächst beugen müssen. Irgendwann wird es wahrscheinlich dennoch zu einem Aufstand kommen.

Vielleicht denkst du: „Die anderen müssen sich verändern!" Oder: „Ich bin doch völlig okay, aber die Welt ist verkommen, die Gesellschaft, die Politik ist schlecht." Ich möchte dir ein Bild geben, das zeigt, warum das ein Trugschluss ist.

Wenn du willst, dass sich die Welt verändert, müssen sich zuerst die Kontinente verändern. Damit sich die Kontinente verändern, müssen sich die Länder verändern.
Damit sich die Länder verändern, müssen sich die Regierungen verändern. Wenn du willst, dass sich die Regierung verändert, müssen sich die Bundesländer und Provinzen verändern. Dazu müssen sich die Städte verändern. Und wenn du willst, dass sich die Stadt verändert, dann muss sich die Nachbarschaft verändern. Damit das passiert, müssen sich die Familien verändern. Doch dazu müssen sich die einzelnen Familienmitglieder verändern und somit du selbst. Das alles ist so simpel und doch ist es für viele schwer zu verstehen. Mit dem Verändern der anderen ist jetzt Schluss, okay? Damit ist JETZT Schluss. Jeder einzelne von uns hat die Macht positiv auf dieser Erde zu wirken. Verabschiede dich von dem Gedanken, du alleine kannst nichts tun. Nutze deine Macht weise. Ich zeige dir, wie wichtig es ist, ab sofort die Verantwortung für dich selbst und dein ganzes Tun zu übernehmen. Denn nur DU kannst bestimmen, in welche Richtung dein Leben schwingt.

Nicht dein soziales Umfeld oder deine Arbeit bestimmen über dich. DU bist der Meister und Gestalter deines Lebens. Du bist ein unglaublich genialer Lifedesigner. Bitte triff AB SOFORT alle Entscheidungen in deinem Leben selbst. Wer entscheidet, hat das Ruder des Lebens in der Hand. Darum überleg jetzt: Welche Sache schiebst du schon eine Weile vor dir her, in der eine Entscheidung getroffen werden muss? Leg das Buch kurz zur Seite, denk nach, schreib es auf und dann triff JETZT eine Entscheidung. Alles andere kostet dich nur unnötige Energie – denn auch wenn du gerade nicht bewusst darüber nachdenkst: Offene „Loops" laufen trotzdem immer weiter in unserem Unterbewusstsein ab.

Du kannst die Entscheidungen übrigens auf zwei verschiedene Arten treffen. Manche Entscheidungen erfordern eher deine männliche, handelnde Energie, um sie JETZT mit Power zu treffen. Was das ist, erkläre ich später noch im Abschnitt „Männliche und weibliche Energie". Eine andere Möglichkeit ist es aber auch, dein Urvertrauen zu aktivieren und vor allem auf deine Intuition zu hören – in dem Wissen, dass deine Entscheidung richtig sein wird. Die weibliche Energie. Beides in Kombination ist natürlich am stärksten. Denk daran! Auch eine nicht getroffene Entscheidung ist eine Entscheidung.

In dieser Situation stecke ich gerade:

Diese Entscheidung habe ich gerade getroffen:

Gratuliere! Ein guter Schritt. Jetzt lies weiter.

Ich möchte dir gern ein weiteres Bild mitgeben: Es gibt den Planeten Erde nur einmal. Aber es gibt mehr als 7,8 Milliarden Bilder von diesem Planeten – nämlich genau so viele, wie es derzeit Menschen gibt. Jeder hat ein anderes Bild im Kopf von dieser Welt. Der eine sagt vielleicht: „Die Welt ist schön und bietet mir so viele atemberaubende Dinge: Natur, Menschen und Tiere. Sie bietet mir tolle Jobmöglichkeiten und großartige Chancen zu lernen und zu wachsen.“

Wer das sagt, ist ein Mensch mit einer sehr positiven Sicht auf die Welt. Das bedeutet nicht, dass nicht auch bei ihm negative Dinge passieren oder dieser Mensch mal schlecht gelaunt ist. Aber positive Menschen stehen auf, schütteln sich den Staub von den Schultern und sehen, anstatt zu jammern, die Chance in der Situation. Wahrscheinlich wird dieser Mensch wenig bis gar kein Leid in seinem Umfeld verursachen. Er wird mit Sicherheit schmerzliche (Kontrast) Erfahrungen erleben, die aber im Gegensatz zu Leid lediglich für weitere Wachstumsprozesse stehen.

Er wird kaum Gedanken an negative Themen verschwenden und durch seine Gedanken die Welt – vielleicht – ein kleines Stück besser machen. Ich stelle mir vor, dass dieser Mensch mit einem Lächeln durch den Tag geht und die Menschen um sich herum positiv beeinflusst. Ich rede nicht von einem Menschen, der in seinem Luftschloss wohnt und auf Friede-Freude-Eierkuchen macht. Der glaubt, er und sein Denken sind die absolute Wahrheit. Ich rede von jemandem, dem es bewusst ist, dass er die treibende Kraft in seinem Leben ist und dass er nur etwas für die Erde beitragen kann, wenn er die Dinge und Themen in seinem Leben positiv betrachtet. Auch bei Kontrasterfahrungen.

Ob er reich, bekannt, dick, dünn, bedeutend oder unbedeutend ist, spielt keine Rolle. Es geht mir hier nur um die aufbauenden, positiven und bereichernden Gedanken dieses Menschen.

Ein buddhistisches Sprichwort besagt: „Der Finger, der auf den Mond zeigt, ist nicht der Mond." Was bedeutet das? Deine Wahrheit ist nie die absolute Wahrheit.

Weitere Anmerkung aus dem Buddhismus zum Unterschied von Schmerz und Leid:

Schmerzliche Erfahrungen machen wir alle und sind völlig normal. Gleichzeitig ist es eine Entscheidung ob wir dauerhaft darunter leiden wollen oder den Schmerz akzeptieren und loslassen (Es darf zerfallen). Zum Beispiel, macht der Partner mit einem Schluss und das tut weh (Schmerz). Das heißt aber nicht, dass du auch ewig darunter leiden musst. Eine Emotion ist biologisch betrachtet nur ca. 90 Sekunden aktiv. Es ist die Geschichte, die wir uns erzählen, die die Emotion länger anhalten lässt. (unbewusstes Verankern)
Dann gibt es Menschen, die genau dieselbe Welt aus einer anderen Perspektive sehen. Sie sagen: „Die Welt ist ungerecht und unfair. Ich habe zu wenig Geld. Ich habe keinen guten Job. Ich habe keine Freunde. Alles ist scheiße."

Natürlich hat jemand, der in Armut lebt, einen anderen Blick auf die Welt, als ein vom Leben gesegneter, reicher Mensch. Doch es gibt auch Menschen mit einem harten Schicksal, die eine positive Einstellung haben. Und es gibt auch unglückliche Multimillionäre. Es ist alles eine Frage der Perspektive. Für den einen geht die Welt unter und für den anderen nicht.

Es gibt auch im kleineren Rahmen Unterschiede der Lebenseinstellung. Zum Beispiel denkt der eine, dass die Aussichten auf einen neuen Job sehr gut sind, während der andere glaubt, dass der Arbeitsmarkt tot sei.

Hierzu möchte ich eine kleine Geschichte erzählen. Einst gab es einen Schuhverkäufer, der von seiner Firma aus nach Afrika reisen sollte, um herauszufinden, ob es dort einen Markt für Schuhe gibt. Er kam dort an, sprach mit verschiedenen Leuten und beobachtete die Menschen. Nach seiner Rückkehr berichtete er seiner Firma, dass es kein Potenzial in Afrika gäbe, da niemand Schuhe trage. Eine andere Firma schickte auch einen Verkäufer nach Afrika und dieser Verkäufer tat das Gleiche. Er kam zurück und berichtete von einem unglaublichen Potenzial. Er sagte: „Niemand trägt Schuhe. Wir können in Afrika jedem Menschen Schuhe verkaufen."

Der Gründer der Automarke Ford in den USA brachte es auf den Punkt:

> ***„Egal, ob du denkst, du kannst es oder du kannst es nicht, du wirst auf jeden Fall Recht behalten."***
>
> ***Henry Ford***

Es ist also maßgeblich, aus welcher Sicht wir das Leben sehen und auf was wir uns fokussieren, um das Ergebnis zu erhalten, das wir uns wünschen. Für viele Menschen ist es viel einfacher und angenehmer, die Schuld bei anderen zu suchen und sich Ausreden zurechtzulegen, anstatt einfach mal ins Handeln zu kommen und loszulegen.

Um etwas zu verändern, muss die Veränderung bei jedem Einzelnen starten. Dann wird tatsächlich alles möglich.
Aus dieser Tatsache heraus ergibt sich auch, dass es keine objektive Realität gibt. Die Welt ist immer das, was wir aus ihr machen. Wenn du von deiner Freundin denkst, „Wow, sie ist so wunderschön und einfach großartig", dann ist sie das auch und wird das spüren, ohne dass du es aussprichst. Es sind vielmehr deine Einstellungen und deine Gedanken, die, wie du gelernt hast, Energie aussenden.

Die Gegenwart ist das Produkt unserer vergangenen Gedanken. Wir können nie die Gegenwart ändern, aber aktiv Einfluss auf unsere Zukunft nehmen. Loslassen bedeutet für mich unter anderem auch, nicht zu urteilen, die Gegenwart zu akzeptieren und zu manifestieren, ohne negative Gefühle gegenüber anderen Menschen oder kommenden Situationen zu hegen. Damit würdest du dir nämlich noch mehr in deinen Rucksack reinpacken.

Kennst du das? Durch dieses Loslassen kommst du in einen Zustand, in dem du im Hier und Jetzt lebst. Das habe ich bereits im Abschnitt zum Thema Bewusstsein angesprochen. Es gibt noch einen weiteren Punkt, den ich mit dir teilen will. Anstatt sich nur mit der Definition von Liebe auseinanderzusetzen und dabei Zeit zu verlieren, rate ich, die Liebe einfach zu leben.

„Wir sind die Summe unserer Erfahrungen."

Prentice Mulford

Die Macht der Gedanken

Ich möchte dir die Kraft der Gedanken an einem Beispiel verdeutlichen. Stell dir andere Menschen als einen Spiegel vor. Deine Themen werden fast immer durch andere gespiegelt. Denkst du über einen Mitmenschen, dass er arrogant ist, kann es sein, dass es in Wirklichkeit viel eher DEIN Thema ist? Das muss nicht zwangsläufig bedeuten, dass du dich selbst arrogant verhältst, aber es könnte sein, dass du zum Beispiel Probleme mit deinem Selbstwertgefühl hast.

Diese Menschen werden dir auf deinem Lebensweg begegnen. Mit großer Wahrscheinlichkeit kommen jene in dein Leben, die du genau in diesem Moment brauchst, um einen Spiegel vorgehalten zu bekommen. Denn du wirst diese Menschen anziehen, damit du lernen und wachsen darfst. Es wäre auch möglich, dass du dich selbst in diese Situation reinbegibst.

Auch dieses sogenannte „Spiegelgesetz" ist ein energetisches Gesetz der Natur. Andere Menschen – und auch Tiere – sind dein Spiegel. Was du siehst, müssen andere nicht unbedingt auch sehen. Es ist deine persönliche Wahrheit. Was du siehst, ist dein freier Wille. Du kannst selbst bestimmen, was du siehst, was du denkst und was du für dich selbst annimmst.
Die große Frage beim Spiegeln ist: Was triggert dich? Was macht es mit dir? Welche Gefühle kommen hoch? Ärgert das Verhalten dich? Macht es dich traurig? Du hast wenig Einfluss darauf, dass dir jemand deine Themen spiegelt. Das passiert ganz von alleine.

Auf was du aber Einfluss hast, ist, ob du an dem, was dir gespiegelt wird, arbeiten willst. Oder vielleicht tangiert es dich gar nicht? Dann ist es auch nicht dein Thema. Weil du einen freien Willen hast, kannst du entscheiden, wie du den anderen Menschen betrachten möchtest und wie du mit ihm umgehen willst. Dies erläutere ich unter anderem im Abschnitt „Aktion und Reaktion“ noch einmal.

Wir können sowohl Konflikte als auch Freude hervorrufen. Im Grunde genommen können wir alles hervorrufen, was wir wollen. Es beginnt immer mit einem Gedanken und endet mit einer Handlung. Jede Handlung entsteht als gedankliche Visualisierung. Wenn dir bewusst wird, dass du die Verantwortung dafür trägst, wie dein Leben aufgebaut ist, bist du schon einen großen Schritt weiter in Richtung Freiheit.

Vielleicht denkst du dir jetzt: Moment mal, was ist denn, wenn ich einen Unfall habe, den jemand anders verursacht hat? Wie kann ich selbst dafür verantwortlich sein? Indem man genau an jenen Ort und jene Zeit sich in diese Situation begab. Das passiert alles auf unbewusster Ebene und alles hat seinen Sinn und seinen Grund, warum etwas passiert. Vertraue darauf, dass alles für dein Wachstum geschieht. Wir haben die Macht über unser Leben und dadurch auch Zugang zu mehr Freiheit. Wir verfügen über einen freien Willen in Abhängigkeit von unserer Bestimmung. Das möchte ich dir gern kurz erklären.

Kennst du das Experiment von Dr. Emoto mit dem Reis und dem Wort auf dem Glas? Bei diesem Experiment stehen drei Gläser gefüllt mit Reis auf einem Tisch. Zwei Gläser tragen Etiketten mit Wörtern. Das eine Wort heißt „Liebe", das andere „Hass".
Das dritte Glas ist nicht beschriftet. Vier Wochen später sieht man nach, was passiert ist. In dem „Hass"-Glas ist der Reis dunkel, schwarz und abstoßend geworden. Im neutralen Glas hat sich kaum etwas verändert. In dem Glas mit „Liebe" ist der Reis tatsächlich noch heller geworden. Was zeigt uns dieses Experiment? Wörter haben Frequenzen und Schwingungen die sich auf die Umgebung auswirken. Probiere es gerne für dich aus.

Das bedeutet, dass auch unser Name eine bestimmte Schwingung hat. Diese Schwingung begleitet uns unser ganzes Leben lang und ist Teil unserer Bestimmung. Ich habe, seit ich denken kann, immer Menschen geholfen, sie unterstützt oder etwas gelehrt. Als Tanzlehrer habe ich Tanzen und Freude unterrichtet. Als Personal Trainer und Ernährungsberater habe ich Menschen beim Erreichen ihrer gesundheitlichen Ziele geholfen. Als Coach und Speaker gebe ich Impulse, inspiriere und rege zum Nachdenken an. So wie jetzt auch mit diesem Buch.

Immer schon ging es um andere Menschen und natürlich auch um meine eigene Entwicklung. Für mich wäre es unvorstellbar, eine Arbeit mit Maschinen oder ein Handwerk auszuüben. Ich lade dich ein, an dieser Stelle auch in dich hinein zu spüren.

Hat sich ein Thema schon immer durch dein Leben gezogen? Vielleicht mit unterschiedlichen Gesichtern, aber doch im Kern immer das gleiche? Mein Name, Jonas, heißt aus dem Hebräischen übersetzt „die Friedenstaube" oder auch „Botschafter des Friedens". Meine Aufgabe auf diesem Planeten ist es, eine Botschaft der Liebe zu verbreiten, und genau das mache ich, seit ich denken kann. Ich nutze anstatt Frieden lieber die Wörter Harmonie, Fülle, Liebe oder Glückseligkeit.

Es ist meine Herzensmission, diese Botschaft zu übermitteln. Vielleicht findest du ja in deinem Namen auch deine Herzensmission, wie ich einst meine fand.

Bitte versteh mich richtig. Wir haben absoluten Spielraum, WIE wir das Leben leben. Ich hätte ja auch Politiker werden können, die teilweise eine ähnliche Funktion haben.

Ein weiteres Indiz, was deine Herzensmission sein könnte, ist deine Freude zu etwas. Bei welcher Tätigkeit oder welchem Gedanken kommst du aus dem Staunen gar nicht mehr raus? Was ist das, was dich begeistert, inspiriert und dir absolute Freude bereitet? Bei welchem Tun verlierst du die Zeit, vergisst zu essen, zu trinken und willst auch gar nicht mehr mit deiner Tätigkeit aufhören? Wann bist du im Flow?

Und dann ist da, wie gesagt, noch der „freie" Wille. Ganz so frei sind wir ja dann doch nicht, oder? Aber wir dürfen auf unserem Weg trotzdem selbst entscheiden, WIE wir ihn gehen wollen.

Ich bin ein gutes Stück des Weges als Tanzlehrer gegangen, später dann als Personal Trainer. Es hätten aber auch andere Berufe sein können. Mir ist mittlerweile klar, dass das, WAS ich tue, gar nicht so entscheidend ist. Wichtig ist vor allem, DASS ich es tue und mit voller Begeisterung voranschreite.

Der „freie" Wille ist einfach, simpel und doch machtvoll. Spür rein, wie es sich anfühlt, alles erschaffen und bewegen zu können.
Leb deine Bestimmung und sei frei darin, diese zu gestalten und zu leben. Das ist mein Credo.

Ich erzähle dir im zweiten Kapitel noch etwas zum Thema Vision Board. Du darfst gespannt sein, denn das Vision Board ist etwas, das eng deinem Traumleben zusammenhängt und mich selbst sehr beeindruckt hat.

Die zentrale Frage ist nun: Wie nutzt du diesen freien Willen? Was kannst du damit alles erreichen? Mach dir zunächst einmal klar, wie stark dieser freie Wille ist. Du kannst dir in deinem Kopf die schlimmsten Szenarien ausmalen und die dunkelsten Gedanken erschaffen. Du kannst aber auch an unglaublich schöne und fantasievolle Dinge denken. Deine Gedanken sind das Einzige, das dir niemand auf der Welt nehmen kann. Du kannst sie nur für dich denken und fühlen. Dein freier Wille ist ungeheuer mächtig, wenn du das Prinzip dahinter verstanden hast. Dein Wille ist deine Freiheit! Nutz ihn bitte weise, er kann dir die Welt öffnen, von der du träumst.

Letztlich hoffe ich, dass ich mit diesem Buch eine riesengroße Menge an Menschen erreiche und würde mich freuen, wenn du bei Gefallen des Buches, dieses auch anderen Menschen in deinem Kreis weiterempfiehlst. Ich möchte möglichst viele Menschen durch meine Bestimmung inspirieren. Ich glaube, dass wir alle die Erde mitgestalten müssen, damit unsere Kinder auf einem Planeten leben können, auf dem es sich auch lohnt zu leben. Auf dem auch zukünftig die Vielfalt der Arten nicht nur in Bilderbüchern zu bestaunen ist. Wir müssen weg von dieser „Nach mir die Sintflut"-Strategie. Wir sind abhängig von dieser Erde und ihren Rohstoffen. Also lasst uns anfangen, die Erde wie unser eigenes Kind zu behandeln. Achtsam und in bedingungsloser Liebe auch zu geben und nicht nur zu nehmen.

Glaubenssätze

Jeder Mensch hat Glaubenssätze, die er aus seiner Vergangenheit mitgenommen hat. Laut der Harvard Studie haben wir bis zu unserem 18. Lebensjahr etwa 180.000 Glaubenssätze aufgenommen. Du kannst dir denken, dass die meisten davon eher negativer Natur sind. Es sind Glaubenssätze, die dich blockieren, die dich nicht das machen lassen, was du eigentlich willst. Wir limitieren uns selbst. Negative Glaubenssätze kommen in der Regel durch unsere früheren Leitbilder in unser Leben. Unsere heutige Aufgabe als Erwachsene ist es zu überprüfen, ob sie noch zu uns passen. Tun sie das nicht, dann ist es an der Zeit, diese zu verändern.

Erinnerst du dich noch an das Bild mit dem Rucksack, den wir auf unserer Lebensweg-Reise tragen? Glaubenssätze stellen in deinem Rucksack meistens Ballast dar. Womöglich sind nicht alle Glaubenssätze so schwer, dass sie dich aufhalten. Ich empfehle dir jedoch, zu überlegen, bevor du auf einen großen Berg klettern willst, ob du den Rucksack auspackst und schaust, welche Glaubenssätze nichts anderes tun, als Platz für andere Dinge wegzunehmen.

Negative Glaubenssätze setzen bestimmte Standards, verfälschen die Wirklichkeit und verdunkeln die Wahrnehmung. Je nachdem, wie tief verwurzelt sie in uns sind, lassen sich manche Glaubenssätze leichter auflösen, während andere hartnäckiger in uns überleben und immer wieder auftauchen können.

Manchmal haben wir das Gefühl, dass wir bestimmte Glaubenssätze bereits aufgelöst haben, und plötzlich sehen wir uns wieder mit ihnen konfrontiert. Gewissermaßen gehen wir mit unseren Glaubenssätzen immer tiefer und tiefer, als würden wir eine Zwiebel schälen. Schicht für Schicht.
Dabei werden manche Glaubenssätze gelöscht und andere neu programmiert. Beobachte deine Gedanken und Glaubenssätze. Durch die Beobachtung wirst du achtsamer mit deinen Gedanken und lernst dich immer besser kennen. Für das Programmieren deiner Gedanken und Glaubenssätze habe ich dir bereits die Wiederholungsübung mitgegeben.

Viele Glaubenssätze kommen aus dem Kindesalter und werden unter anderem durch unsere Eltern, Lehrer, die Gesellschaft, Religion und Kultur, in der wir leben, geprägt. Ich habe das Glück, sehr viele positive Glaubenssätze mitbekommen zu haben. Viele Grundlagen, die in meiner Kindheit gesetzt wurden, waren für mich wertvoll. Dennoch waren einige negative dabei, wie bei jedem von uns. Glaubenssätze sind Prägungen und Trugbilder aus unserer Kindheit. Die meisten Menschen im Erwachsenenalter werden von diesen Prägungen gesteuert und glauben, dass das die Wahrheit ist. Stimmt das denn? Sind wir nur Opfer unserer Trugbilder und Prägungen vergangener Tage? Sind wir Opfer unserer Glaubenssätze aus unserer Kindheit? Soll unsere Zukunft weiterhin davon beeinflusst werden? Ich kenne keinen Erwachsenen, der gerne zu sich selbst sagt: „Ich bin es nicht wert, geliebt zu werden.“. Und dennoch ist dieser Satz da.

Ein weiterer wichtiger Schritt, um deine Glaubenssätze positiv zu verändern, ist, die Vergangenheit zu akzeptieren, den Menschen zu vergeben, die dir diese Glaubenssätze mitgegeben haben, und nicht zu beginnen, die Schuld in der Vergangenheit zu suchen. Andernfalls wirst du keine Harmonie in der Gegenwart finden.

Ja, es gibt jede Menge Glaubenssätze aus der Vergangenheit. Manche sind „gut" und andere sind „schlecht". Doch wenn man erwachsen ist, wird es Zeit, sie zu durchleuchten und auf den Prüfstand zu stellen. Dann erst kannst du die negativen Glaubenssätze über Bord werfen, die positiven stärken und weitere positive Glaubenssätze hinzufügen.

„Ein Glaubenssatz ist auch nur ein Satz. Lass ihn los und ändere ihn ab."

Laura Malina Seiler

Wichtig ist, dass du offen dafür bist, dich zu verändern, um in deinem Leben voranzukommen. Bitte lass dir von niemandem einreden, dass die Auflösung der Glaubenssätze unbedingt viel Zeit benötigen wird und dass du dich ewig damit beschäftigen musst. Alles fängt mit einem Gedanken an, durch den sich gewisse Gefühlsbarrieren aufbauen können, zum Beispiel eine unerklärliche Traurigkeit. Wie bereits erwähnt, hängen solche Gefühle oft mit einer alten Erinnerung aus unserer Kindheit oder Jugend zusammen.

Lass uns anschauen, wie du generell mit Emotionen umgehst. Entscheidend ist, Emotionen zuzulassen und sie zu akzeptieren. Emotionen wie Wut, Freude, Trauer und Angst sind wichtig. Sie haben eine Daseinsberechtigung. Darum verdräng sie niemals, sondern betrachte sie als Chance und umarme sie. Flüchte nicht vor ihnen und verdräng sie nicht, sondern durchlebe sie.

Es gibt einen guten Satz zu diesem Thema: „Eine bewusst gefühlte schmerzvolle Emotion dauert oft nur wenige Minuten – eine verdrängte schmerzvolle Emotion ein Leben lang!"

Viele Menschen befinden sich auf einem Erfolgsweg, wenn sie diese gedanklichen Barrieren erst einmal überwunden haben. Wenn du es nicht schaffst, diese Gedanken hinter dir zu lassen, hinterfrage, warum das so ist. Was ist dein Vorteil? Vielleicht kannst du weiter in der Bequemlichkeit bleiben, wenn du denkst, du schaffst es eh nicht? Vielleicht musst du keine Verantwortung übernehmen, wenn du denkst, du bist nicht wertvoll genug? Das ist eine mächtige Frage, mit der du arbeiten kannst, um schneller an deine persönlichen Lösungen zu kommen. Die „Wozu"-Frage ist immer lösungs- und zukunftsorientiert. Die „Warum"-Frage ist eher problem- und vergangenheitsorientiert. Deshalb stell dir zusätzlich zu der „Was ist dein Vorteil" Frage, die „Wozu mache ich das" Frage.

Was ist überhaupt ein Glaubenssatz? Ein Glaubenssatz ist ein Satz, den du für wahr hältst, persönlich glaubst und sich daraus bewusst oder unbewusst eine Handlung ergibt. Zum Beispiel: „Ich bin es nicht wert, geliebt zu werden." Oder: „Nur wenn ich etwas leiste, werde ich geliebt." Auch Glaubenssätze wie „Geld verdirbt den Charakter" haben eine ganz bestimmte Wirkung auf deine Handlungen. Was negativ funktioniert, funktioniert aber auch im Positiven. Glaubenssätze wie „Ich bin ein wundervoller Mensch" oder „Ich liebe mich selbst" stärken und unterstützen dich auf deinem Lebensweg.

Ob positiv oder negativ – All diese Sätze liegen tief in deinem Inneren. Manche kennst du, andere nicht. Finde heraus, welche Glaubenssätze du zu den aktuellen Themen, die in deinem Leben nicht so gut laufen, hast. Dazu stellst du dir bitte folgende Fragen:

Was oder wer hält dich davon ab voranzukommen?

Welche innere Überzeugung könnte hinter deinem Verhalten stecken?

Welche Vorteile ziehst du daraus, nicht den nächsten Schritt in deinem Leben zu machen?

Wozu willst du den nächsten Schritt gehen?

Eine verheiratete Frau kann zum Beispiel den Glaubenssatz haben: „Ohne meinen Mann bin ich nichts wert." Dann wird sie sich in der Beziehung sehr intensiv an ihn klammern. Sie wird sich selbst und ihre Bedürfnisse vielleicht komplett aufgeben, wenn ihr Mann oder die Beziehung das fordern. Meine Antwort dazu ist: NEIN! Jeder Mensch ist es IMMER wert, geliebt zu werden. Du bist es vor allem wert, dich selbst zu lieben. Du bist ein wunderbares, kostbares Wesen und ich möchte, dass du dir das ab sofort jeden Tag sagst. Hier eine kleine Übung für dich: Stell dich jeden Morgen vor den Spiegel und sage dir – während du dir tief in die Augen schaust –, wie wundervoll du bist. Du wirst erstaunt sein, was sich in deinem Leben verändern wird.

Wenn du ein Mann bist, könntest du sagen: „Ich bin ein erfolgreicher, geiler Typ." Klingt besser als „wunderbares, kostbares Wesen", oder? Schau einfach, welche Worte bei dir ein wirkliches Kribbeln im Bauch auslösen! Im Abschnitt zur emotionalen Leiter werde ich noch näher darauf eingehen.

Lass mich dich auf eine kleine Wunderfrage einladen. Und du kannst dieses Wunder sein. Diese inspirierende Frage stammt von Neale Donald Walsch.
Stell dir vor, du könntest die Welt verändern. Es läge in deiner Hand. Und vielleicht verspürst du auch einen starken Wunsch danach, die Welt zu verändern, diesen Planeten zu einem besseren Ort zu transformieren.

Stell dir für einen Moment vor, dass alle Menschen auf diesem Planeten ab morgen so miteinander umgingen, wie du mit dir selbst umgehst, so miteinander sprächen, wie du ins Selbstgespräch gehst, so einander liebten, wie du dich selbst liebst.

Wäre dieser Ort Erde ein schöner?

Wenn alle Menschen deine Gedanken und Gefühle hätten, welche wären das?

In erster Linie ist es entscheidend, die Emotionen zuzulassen und sie zu akzeptieren. Emotionen können starke Wegweiser auf unserem Lebensweg sein. Verdränge Emotionen nicht, sondern umarme sie. Erlebe sie und mache dich mit den Emotionen vertraut. Fühl sie zu Ende. Schließ den Kreis. Natürlich kann es auch sein, dass du dich wegen jemandem ärgerst und wütend wirst. Hast du dich schon einmal gefragt, warum es dir in einer bestimmten Situation so geht und in einer anderen nicht?
Ein Klassiker ist ein wütender Autofahrer, der alle anhupt, wenn sie seiner Meinung nach zu langsam fahren. Der Autofahrer ist nicht wütend auf die anderen. Er ist wütend auf sich selbst, weil er nicht früh genug losgefahren ist und womöglich zu spät kommt. Er ist wütend, weil er hilflos in dieser Situation steckt und nichts tun kann. Warum? Überprüf das gerne einmal.

Ein anderes Beispiel ist, dass ein Chef seine Mitarbeiter niedermacht, weil sie eine Aufgabe nicht so erledigt haben, wie er sich das vorgestellt hatte. Ist er vielleicht nur deshalb wütend, weil er tief im Innern weiß, dass er es klarer und präziser hätte kommunizieren müssen? Alles, was durch die äußere Welt negative Emotionen bei uns auslöst, ist in der Regel eine Projektion unserer inneren Themen.

"Wir entscheiden, wie wir uns fühlen wollen, weil wir entscheiden könne, wie wir über eine Situation denken"

Jonas Hilz

Ich rede in diesem Fall nicht von plötzlich auftretenden Ereignissen wie einem Todesfall oder einer Trennung, sondern von alltäglichen Begebenheiten. Man regt sich beispielsweise auf, wenn jemand nicht sofort zurückschreibt. Warum?
Schlussendlich hat diese Person einfach nicht zurückgeschrieben – vielleicht ohne besonderen Grund. Wenn man das als respektlos oder unzuverlässig interpretiert, hat wer das Problem? Man selbst oder die andere Person? Was interpretiert man in solche Situationen hinein? Was war die Erwartungshaltung?

Vielleicht war es bei ihr gerade ungünstig oder sie hatte weder Zeit noch Lust zurückzuschreiben. Der Grund ist völlig egal, weil es immer um uns geht. Was wir daraus lernen, machen oder verändern, ist allein unsere Sache.

Die Frage ist allerdings: Warum aktivieren sich starke Gefühle in so einer, von außen scheinbar belanglosen, Situation? Woher kommt das? Wie geht man damit um?

Ein anderes Beispiel: Wie fühlt man sich, wenn man morgens schon zu sich selbst sagt: „Heute ist ein Scheißtag, heute läuft nichts, ich bin es nicht wert, ich bin schlecht, ich kann das nicht und bin zu nichts zu gebrauchen." Klar ist, man fühlt sich schlecht. Deine Gefühle führen nur den Befehl aus, den sie bekommen.

Anderes Spielchen: Angenommen, man sagt sich: „Der Tag heute ist geil. Ich werde die Welt erobern! Ich sehe verdammt gut aus und ich treffe heute fabelhafte Menschen. Ich mache heute fetten Umsatz. Heute helfe ich vielen Menschen und mache sie glücklich." Wie fühlt man sich danach? Freudig, gut gelaunt und man hat Bock auf den Tag, oder? Affirmationen können dir in bestimmten Situationen helfen, wenn du positiv offen bist und dir nicht nur einzureden versuchst, dass es dir gut geht. Wenn du dich in deinem Alltag ganz bewusst auf Momente konzentrierst, in denen es dir immer besser geht, stärkst du deine positiven Affirmationen. Wenn du eher ein negatives Selbstbild von dir hast, geht es im ersten Schritt darum, Affirmationen zu finden, denen du auch glaubst.

Aus „Ich liebe mich so, wie ich bin“ könnte in milderer Form ein „Ich mag mich von Tag zu Tag mehr“ werden.

Du wirst dir nicht von heute auf morgen aus einem Gefühl der Nichtliebe heraus mit Hilfe von Affirmationen Liebe einreden können. Das funktioniert nicht, weil du zu weit entfernt von Fülle und Liebe bist (bildlich verdeutlicht durch die emotionale Leiter auf den nächsten Seiten). Du glaubst dir selbst nicht, was du da sagst. Deshalb ist es wichtig, dich wirklich Sprosse für Sprosse auf der emotionalen Leiter hochzuarbeiten.

Für die meisten Menschen ist es eine Herausforderung, auf dem Weg nach „oben“ durchzuhalten. Sich aus einer Depression heraus auf Knopfdruck gut zu fühlen, ist subjektiv betrachtet schier unmöglich. Deswegen fängt man auch hier im Sinne der emotionalen Leiter (nach Abraham Hicks) an, sich Schritt für Schritt heranzutasten. Von den depressiven Gefühlen in die Wut, von der Wut in den Ärger usw.
Zum Beispiel sagst du dir: „Ich bin wütend (Aktion/aktiv) über meine aktuelle Situation. Ich bin stinksauer, dass ich da bin, wo ich bin, und sauer auf alle in meiner Umwelt.” Das klingt jetzt erst einmal sehr negativ, aber dieser Zustand ist bereits besser, als der zuvor noch antriebslose, niedergeschlagene, von Passivität und Stagnation geprägte Mensch zu bleiben.
Der nächste Schritt ist dann die Schuldzuweisung. Wir geben anderen die Schuld, um uns erst einmal besser zu fühlen. Alle anderen haben Schuld, bis du dann erkennst, dass du selbst Schuld hast. Du erkennst, es liegt in deiner Verantwortung.

Dann spürst du auf einmal die pure Enttäuschung von dir selbst. Und so arbeitest du dich Stufe für Stufe die Leiter nach oben zur Fülle. Manchmal kann es ein monatelanger oder sogar jahrelanger Prozess sein. In meinem Coaching und meinen Workshops arbeite ich intensiv mit diesen Themen und dieser Leiter. Es geht darum, zu lernen, dass Wachstum Schritt für Schritt funktioniert.

Die emotionale Leiter bietet dir dazu ein sehr schönes Bild, um zu überprüfen, wie du dich gerade fühlst und wo du stehst. Schritte auf der Leiter können natürlich auch übersprungen werden.

Emotionale Leiter nach Abraham Hicks:

1. Freude, Wissen, Ermächtigung, Freiheit, Liebe und Anerkennung
2. Leidenschaft
3. Enthusiasmus, Fröhlichkeit & Begeisterung
4. Positive Erwartung & Glauben
5. Optimismus
6. Hoffnung
7. Zufriedenheit & Behaglichkeit
8. Langeweile
9. Pessimismus
10. Frustration, Irritation & Ungeduld
11. Überwältigung & Überforderung
12. Enttäuschung
13. Zweifel
14. Sorge & Besorgnis
15. Schuldzuweisung & Beschuldigung

16. Entmutigung & Mutlosigkeit
17. Verärgerung
18. Rache
19. Hass & Wut
20. Eifersucht
21. Unsicherheit, Schuld & Unwürdigkeit
22. Angst, Trauer, Depression, Verzweiflung & Ohnmacht

Nochmals zur Verinnerlichung: Du kannst in einem depressiven Zustand erst einmal wütend über deinen Zustand sein. Wütend über dich selbst. Wütend auf alle. Wütend auf die Welt. Depression ist passiv. Wut ist aktiv. Von der Wut raus zu einer neutralen Gefühlssituation wie zum Beispiel Zufriedenheit oder Langeweile und dann in Richtung Freude, Fülle und Liebe. Wähle deine Affirmationen deiner Situation entsprechend.

Auf Grundlage dieses Prinzips siehst du, wie man sich verändern kann, denn Emotionen bauen aufeinander auf. Wer ganz unten auf der emotionalen Leiter steht, macht eine Entwicklung über alle Stufen der Leiter durch. Dein eigener Fortschritt ist deutlich nachzuvollziehen, wenn du dir zum Beispiel Notizen zu deiner Weiterentwicklung machst und das Datum dazu vermerkst.

Hier habe ich einen ultimativen Tipp, um dich emotional auf der Leiter nach oben zu pushen: Mach dir gleich nach dem Aufwachen morgens Gute-Laune-Musik an.

Überlege, was dir heute Unglaubliches begegnen könnte, und sei dankbar, dass du heute aufgewacht bist, um diesen Tag zu deinem wundervollsten und schönsten Tag zu machen. Allein durch kleine Veränderungen bekommst du morgens einen komplett anderen Boost. Ich mache das täglich. Aber ehrlich: Nur weil diese Morgenroutine für mich funktioniert, ist sie nicht gleichzeitig für jeden anderen auch geeignet.

Deswegen rate ich dir, dass du für dich morgens deine ganz persönliche Möglichkeit findest, dich selbst zu begeistern, dich in Stimmung zu bringen, dich zu pushen.

Hier habe ich ein paar Beispiele für dich:

- Musik anhören und tanzen
- Vision Board anschauen
- Hörbuch anhören
- Spiegel nutzen: Stell dich vor den Spiegel und motivier dich mit entsprechenden Mantras oder Affirmationen, die passend auf dich zugeschnitten sind.
- Schöne Klamotten anziehen
- Gutes Frühstück zubereiten und in Ruhe genießen
- Kalte Dusche nehmen, um wach und fit zu werden

- Dankbarkeitsrituale machen, zum Beispiel fünf Dinge aufzählen, für die du dankbar bist
- Visualisieren deiner Ziele
- Ins Tagebuch schreiben, wie happy du dich gerade fühlst
- Meditieren
- Sport machen
- Ein paar Seiten in deinem Lieblingsbuch lesen

Ich habe bereits geschrieben, dass alles mit einem Gedanken beginnt. Im Prinzip ist das nicht ganz richtig. Denn es stellt sich die Frage: Wie entstehen unsere Gedanken? Warum denken wir so, wie wir denken? Warum fühlen wir das alles? Die Antwort kennst du bereits: Alles hängt mit unseren Programmierungen aus unserer Vergangenheit zusammen. Hier sind zwei Buchempfehlungen für dich: „Metamedizin" von Claudia Rainville und „Das Kind in dir muss Heimat finden" von Stefanie Stahl.

Sie beschreiben, wie wir unsere Glaubenssätze, Einstellungen und Lebensweisen von unseren Eltern mit ins Leben nehmen und welche Schutzmechanismen wir dadurch aufbauen. Nun gilt es, sie zu überprüfen und gegebenenfalls zu durchbrechen. Viele zukünftige Ängste, Sorgen, Probleme und negative Denkweisen entstehen durch unsere erlebte Vergangenheit. Diese drücken sich bei den Menschen, die sich nicht oder wenig damit beschäftigen, oft intensiv auf der Gefühlsebene aus.

Um wirklich konstruktiv mit deinen Glaubenssätzen umzugehen, frage dich:

1. „Wie habe ich mich als Kind oder Jugendlicher in einer bestimmten Situation gefühlt?
2. Was ist dann passiert?
3. Was hätte ich mir stattdessen gewünscht?
4. Was hätte ich gebraucht?"

Ich zum Beispiel habe mich sehr oft in meinem Leben ohnmächtig, verlassen und dadurch wütend gefühlt. Ich wusste lange Zeit nicht einmal, dass ich wütend war. Das durfte ich erst viele Jahre später herausfinden und für mich persönlich aufarbeiten. Mein Rat an dich: Klär die Themen aus der Vergangenheit, aber verlier dich nicht in ihnen. Wenn dein Leben nur noch aus Erinnerungen besteht, verlierst du den Bezug zur Gegenwart.

„Lerne aus der Vergangenheit, lebe in der Gegenwart und visualisiere deine Zukunft."

Jonas Hilz

Aktion und Reaktion

Du befindest dich auf deinem Lebensweg. Du hast viel erfahren, viel gelesen, dir viele Gedanken gemacht. Nun hast du deine Komfortzone verlassen und bereits Entscheidungen getroffen. Du hast bewusst gewählt, wo du abbiegst, wen du in dein Leben lässt, mit wem du ein Stück des Weges gehst und vieles mehr. Es wird Zeit, dass du noch genauer erfährst, welche universellen Gesetze es gibt, die du auf deinem Weg beachten solltest.

Wenn du also beispielsweise glaubst, dass die nächsten zehn Kilometer deines Weges durch einen finsteren Wald mit lauter Räubern am Wegesrand verlaufen, dann wirst du dir diesen Finsterwald und diese Räuber kreieren und sie werden auch kommen. Das ist das Gesetz der Anziehung. Wenn ich beispielsweise negative Energie verbreite, wie zum Beispiel „Hass", dann werde ich – aus energetischer Sicht betrachtet – voraussichtlich genau diese oder eine ähnliche Energie in den nächsten Kilometern meines Weges zurückbekommen. Das ist das Gesetz von Ursache und Wirkung.

Was passiert, wenn du einen Bumerang wirfst? Er kommt zu dir zurück. Was passiert, wenn du gegen eine Wand läufst? Die Wand erwidert die Kraft, mit der du aufprallst. Mit dem Ergebnis, dass du dir wehtust. Was passiert, wenn du einen Stein ins Wasser wirfst? Er geht unter und erzeugt sanfte Wellen im Wasser.

Jede Handlung ruft eine Gegenhandlung, Folgehandlung oder eine Reaktion hervor. Wenn du einen Menschen anschreist, wird er entweder zurückschreien, erstarren oder sich aus der Situation entfernen.
Vielleicht wird er auch souverän reagieren, wenn er bereits sehr bewusst lebt. Es gibt bei einem Konflikt mehrere Möglichkeiten.

Die erste ist Flucht: physisch den Raum oder mental die Situation verlassen.

Die zweite ist Erstarrung: erstarren vor Schock oder Überwältigung.

Die dritte ist Kampf: verbaler Angriff, alle Arten von Gewalt oder schreien. Dazu gehört aber auch Verteidigung, zum Beispiel Rechtfertigung.

Die vierte ist: positive, lösungsorientierte Kommunikation.

Natürlich kann Schreien und Flucht auch mal der richtige Weg sein, aber langfristig ist das nie eine Lösung. Außer es geht in dieser Situation um dein Leben.

Alles, was du tust, hat eine Konsequenz. Jede noch so simple Handlung. Wenn du zum Beispiel raus in die Kälte gehst, passt sich dein Körper an. Deine Muskeln beginnen zu zittern, um damit Wärme zu produzieren. Wenn du etwas isst, adaptiert es dein Körper und fängt an zu verdauen.

Wenn du Sport treibst, setzt dein Körper Energiereserven frei und schwitzt, um dich abzukühlen. Ständig umgibt uns das Thema Aktion und Reaktion, ohne dass es uns bewusst ist.

Dieses Prinzip bestimmt auch in starkem Maße die Kommunikation zwischen Menschen. Wenn du etwas sagst, interpretiert dein Gegenüber das Gesagte und reagiert entsprechend.
Dieser Kreislauf findet innerhalb einer einzigen Konversation hunderte Male statt. Du hast schier endlose Möglichkeiten, auf etwas zu reagieren. Jeder Mensch hat einen anderen Filter von dem, was er hört und daraus interpretiert. Somit ergeben sich Abermillionen von verschiedenen Szenarien in nur einer einzigen Kommunikation.

Mach dir das Gesetz von Aktion und Reaktion bewusst – auch „Gesetz von Ursache und Wirkung“ genannt. Wenn du dieses Prinzip mit der Macht der Gedanken koppelst, über die wir im vorherigen Abschnitt gesprochen haben, wirst du eine enorme Wirkung feststellen. Es liegt in deiner Hand, wie deine Umwelt auf dich reagiert. Wenn du andere schlecht behandelst, kannst du davon ausgehen, dass es zu dir zurückkommt. Wenn du liebevoll mit Menschen umgehst, andere freundlich und hilfsbereit behandelst, wird auch davon wieder viel zu dir zurückkehren. Sei der Mensch, den du dir für diese Erde wünschst.

Fang bei dir an und du kriegst alles vielfach zurück. Das heißt nicht, dass du dann nie vor Problemen (Herausforderungen) stehen wirst, aber vertraue mir, dass dein Leben viel, viel angenehmer sein wird.

Jeder Mensch durchläuft Lernprozesse in seinem Leben. Diese Prozesse unterscheiden sich, je nachdem, wo du auf der emotionalen Leiter stehst, was du aussendest, wie du agierst, wie du denkst und handelst. Es ist leicht, darauf zu reagieren, wenn jemand gut zu dir ist. Dann bist du auch gut zu ihm. Aber was ist, wenn jemand gemein zu dir ist? Wie schaffst du es, nicht auf negative Weise zu reagieren?

Es kann zum Beispiel auch sein, dass du von vielen Menschen schlechte Gedanken zugeworfen bekommst, weil sie neidisch sind. Sogenannte „Hater". Es kann auch sein, dass dich Menschen hassen. Das sollte dich nicht interessieren, weil du keine Zeit dafür hast. Nimm es aus einer neutralen Perspektive einfach an und sei dankbar. Macht dich so etwas wütend oder traurig, dann hast du sehr wahrscheinlich ein tiefsitzendes emotionales Erlebnis in dir, dass du bearbeiten darfst.

Grundsätzlich sind Probleme nichts Schlechtes, sondern es sind Herausforderungen für deinen Lebensweg, die du angehen darfst und auch hoffentlich willst. In dem Wort „Problem", steckt das Wort „Pro", was so viel heißt wie „positiv". Wenn du die Vorsilbe „pro" aus dem Lateinischen ins Deutsche übersetzt, heißt das Ganze „für".

Ich ergänze immer gerne: „für mich“ oder „für etwas“. Im Griechischen, aus dem das Wort ursprünglich stammt, heißt es „das, was zur Lösung vorgelegt wurde“. Meine Bedeutung: „Ein Problem ist eine positive Herausforderung, die speziell für mich in meinem Leben ist, um sie zu lösen.“ Das Wort Problem ist erst irgendwann im Laufe der Zeit, negativ interpretiert worden. Ein Problem ist grundsätzlich etwas Positives. Freu dich darüber, wenn du welche hast. Du darfst wachsen. Jedes Scheitern oder Hinfallen bringt dich, langfristig betrachtet, deinem Ziel näher.

Es stellt sich immer die Frage: Wie siehst du ein Problem? Aus welcher Perspektive betrachtest du es? Nimm dir bitte mal Folgendes vor: Jedes Mal, wenn ein „Problem“ auftaucht, nennst du es bitte „Herausforderung” oder „vorgelegte Lösung“. Schon hast du mehr das Gefühl: „Aha, hier soll ich wachsen. Hier soll ich eine Lösung finden.”

Das Leben will von dir wissen: Willst du wirklich wachsen oder bist du nur ein Bluffer oder ein Schwätzer? Zeig ihm und auch dir selbst, dass du wirklich wachsen und lernen willst, dass du bereit bist, Opfer zu bringen, hinzufallen, aufzustehen und weiterzumachen. Zeig es dem Leben ein für alle Mal und schreib auf:

ICH BIN ________________________ (*deinen Namen einfügen*) und ich wachse über mich selbst hinaus. Das ist DAS Leben. Wachsen. Lernen. Sich entwickeln. Jede Pflanze wächst. Tiere wachsen. Die Erde entwickelt und verändert sich. Ich mich auch.

Jetzt sag du mir, wer du bist, wenn du bei jedem Problem gleich aufgibst, kneifst, scheiterst? Nimm dich doch bitte selbst nicht so wichtig.

Du kannst mit diesem Wissen mit Sicherheit nicht alles schnell zum Perfekten wenden und dein Leben mit einem Schlag von allen Problemen befreien. Aber darum geht es auch gar nicht. Es geht darum, die universellen Gesetze für dich und für dein Leben zu nutzen und sie so zu verinnerlichen, dass sie zum guten Freund werden. Dinge, die dir passieren, geben dir die Chance, Menschen und Situationen aus anderen Perspektiven zu betrachten. Nur darum geht es. Es ist deine Entscheidung.

Deine Herausforderungen werden sicher andere sein als bei anderen Menschen, die du kennst. Jeder bekommt genau die Herausforderungen, die er oder sie persönlich benötigt, um zu wachsen.

Es gibt so unglaublich viele unterschiedliche Menschen, Herausforderungen, Denkweisen, Sichtweisen und Arten, sich zu verhalten.

Ich spreche ganz bewusst nicht von „gut" oder „schlecht", denn es gibt zunächst mal gar keine Bewertungen (universell betrachtet) – Sie entstehen nur in unserem Kopf.

Wir erwischen uns ganz schnell dabei, jemand anderen – zum Beispiel für seine gesagten Worte – zu bewerten. Das ist wirklich eine „Krankheit" in unserer Gesellschaft. Wir sagen: „Das ist schlecht. Jenes ist gut." Wer bestimmt das eigentlich? Welche Regeln liegen diesen Bewertungen zugrunde? Nach welchen Normen, Gesetzen, Doktrinen und Religionen sollen wir leben? Ich persönlich glaube, es ist ganz einfach: Du gibst Liebe – sprich Energie – und du bekommst Liebe in Form von Energie zurück. Gibst du Hass oder Neid, was auch Energie ist, kriegst du dieselbe Energie zurück.

Jeder deiner Gedanken trifft die Person, auf die er gerichtet ist. Energie bewegt sich durch Zeit und Raum. Also überleg dir gut, was du über andere denkst. Du kannst sie ganz schnell mit deinen Gedanken verletzen. Gleichzeitig bringst du dich selbst in eine ungünstige Situation und verletzt dich selbst.

> ***"Du und ich: Wir sind eins. Ich kann Dir nicht wehtun, ohne mich zu verletzen."***
>
> ***Mahatma Gandhi***

Wenn dich jemand aus deiner Sicht betrachtet „schlecht" behandelt, obwohl du ihm nie etwas getan hast, dann wird dieser Moment für dich zum Lernprozess. Ist diese dir entgegengebrachte Energie, zum Beispiel Zorn, bekommt derjenige sowieso dieselbe Energie zurück.

Also, warum aufregen? Auch wenn du vielleicht im ersten Augenblick noch nicht erkennen kannst, warum das passiert: Vertraue einfach. Es geht darum – zu lernen –, wie du damit umgehst, wenn dich jemand „schlecht" behandelt. Vielleicht bist du ein Kanal für diesen Menschen, der etwas von dir lernen soll. Ist das der Fall, darfst du das akzeptieren, annehmen und dich anschließend im Loslassen üben.

Viele Situationen sind entweder ein Lernprozess für uns selbst oder ein Prozess, bei dem andere lernen sollen. Wir sind womöglich ein wertvoller Katalysator. Vielleicht ist die Situation auch Folge einer deiner Handlungen aus der Vergangenheit. Wenn du etwas Positives oder Negatives getan hast, bringt dir das Universum wie ein Bumerang dieselbe Energie zurück. Die Reaktion kann sehr schnell kommen, manchmal sogar innerhalb von Sekunden, Minuten oder Stunden. Es kann auch Monate oder Jahre dauern, bis der Bumerang zurückkommt. Man weiß es nie, denn wir haben das nicht wirklich in der Hand. Es kommt darauf an, wie tief und intensiv die Energie der Gedanken oder der Handlungen ist.

Gedanken, Gefühle und Taten müssen Wurzeln schlagen. Es ist nicht so, dass du eine Wohltat vollbringst und sofort kommt eine große Wohltat zurück. Das kann schon einmal eintreten, aber stell dir vor, all unsere Gedanken würden sich sofort materialisieren?

Du denkst an ein bestimmtes Auto und Schwupps, steht es in deinem Wohnzimmer, weil du gerade in deinem Wohnzimmer dran gedacht hast. Doof, oder?

Bevor du also das nächste Mal über eine andere Person schlecht sprichst oder denkst, erinnere dich an dieses Prinzip. Bildlich übertragen: Was Hans über Peter sagt, sagt mehr über Hans aus als über Peter. Es ist wichtig aufzupassen, was man sagt und denk daran: Ein Baum benötigt auch Zeit, um zu wachsen. Alles braucht seine Zeit.

Das Universum ist komplex und mächtig. Es folgt immer seinen eigenen Regeln und ist nicht berechenbar. Alles hängt auf eine für uns undurchschaubare Weise zusammen. Alles ergibt einen Sinn. Auch wenn gewisse Dinge uns Menschen auf den ersten Blick sinnlos und willkürlich erscheinen, ist es ein Lernprozess für uns. Gott, eine höhere Macht oder vielleicht auch wir selbst als Seele – wie immer wir das nennen – hat uns erschaffen und uns einen freien Willen gegeben, über uns und unser Handeln zu entscheiden. Gleichzeitig sind wir durch unsere Vergangenheit so konditioniert, dass wir verschiedene Programmierungen in uns tragen, die wiederum zu ganz anderen Handlungen führen.

Nehmen wir das Beispiel Krieg. Wenn heute ein Krieg ausbricht, fragen wir uns: Wie kann Gott Tod und Zerstörung zulassen? Die Antwort ist einfach: Der Mensch handelt entweder aus freien Stücken (freier Wille) oder aus seiner Konditionierung (Programme und Muster).

Auch bei Naturkatastrophen – bei denen oft viele Menschen sterben – kann man sich fragen, ob sie eine Reaktion auf die Gedanken von Menschen oder ein natürlicher Prozess sind, um die natürliche Balance der Natur – die wir Menschen verschieben – wiederherzustellen? Vielleicht ja beides. Lassen wir diese Frage einfach mal so stehen. Ich maße mir nicht an, sie zu beantworten.

Selbst wenn wir den Tod oft nicht wahrhaben wollen und uns scheuen, dem Tod ins Auge zu blicken, ist er doch ein natürlicher Bestandteil des Lebens. Er ist erschreckend und vor allem, wenn es Menschen in unserem näheren Umfeld trifft, ein sehr schmerzhafter Verlust. Tief im Inneren weiß jeder von uns, dass der Tod zum Leben dazu gehört und dennoch leben wir alle so, als gäbe es ihn nicht.

Was ist der Tod? Für mich ist der Tod und die Geburt eine Transformation, aus und in eine andere Welt, die niemand von uns kennt. Egal, welche Religion man sich anschaut: Fast alle handeln davon, dass das Leben nach dem Tod weitergeht. Das Leben geht auf jeden Fall weiter, nur eben nicht in der bekannten Form. Vielleicht auch nicht auf der Erde, sondern in einer anderen Dimension. Wer weiß das schon?

Doch lass uns zurückkehren zu dem Gesetz von Aktion und Reaktion. Wir sind selbst verantwortlich für das, was in unserem Leben passiert. Lass uns das weiterdenken: Woher kommt eine Aktion? Eine Aktion entsteht meistens aus einem Gefühl. aus einem Gedanken oder einer Programmierung.

In der Regel steht der Gedanke an erster Stelle.
Wenn ich über Gefühle rede, meine ich Gefühle wie zum Beispiel Zufriedenheit oder Stolz.
Wenn du in der warmen Sonne stehst und du fühlst die Wärme auf deiner Haut, ist das ein Reiz von außen – sprich von der Sonne herbeigeführt. Dieses „Fühlen" funktioniert natürlich auch, ohne einen Gedanken zu haben.

Genauso wie physischer Schmerz, wenn man zum Beispiel gezwickt wurde. Von diesen Gefühlen reden wir hier aber nicht. Mir ist wichtig, dass du verstehst, dass der Gedanke, das Gefühl und die Aktion zusammenhängen, und zwar in dieser Reihenfolge:

Imitation (Baby / Kind) – Programmierung – Gedanke – Gefühl – Aktion / Handlung – Gewohnheit – Charakter

Ich habe direkt noch die anderen Folgen und Vorstufen aufgezählt, um dir ein rundes Bild mitzugeben.
Wenn du etwas verändern willst, musst du mit deinen Gedanken anfangen (beziehungsweise mit den unterbewussten Glaubenssätzen deiner Vergangenheit) und nicht mit einer Aktion oder Handlung.

Die Aktion ist immer nur eine Folge deiner Gedanken. Bedenke, dass jeder seine Themen hat und wir nicht wissen, in welcher Lebensphase sich dieser Mensch gerade befindet. Jeder Mensch hat seine Macken und seine ganz eigenen Herausforderungen zu meistern. Vielleicht ist er gerade in einem Lernprozess.

Interagierst du dann mit dieser Person, wirst du feststellen, dass du dich ihm gegenüber anders verhältst, kommunizierst und mit ihm umgehst. Auch deine Mimik und Gestik verändern sich. Dein ganzer Umgang mit dieser Person wandelt sich. Dementsprechend verändert sich auch die Reaktion deines Gegenübers.
Und genau darum geht es! Nutze die Macht der Gedanken, um deine Aktion zu ändern und um dann die bestmögliche Reaktion zurückzubekommen.

Mit jedem Gedanken sendest du Energie aus. Nach dem Gesetz der Anziehung bekommst du positive Energie zurück, wenn du positive Energie aussendest. So funktioniert das Leben. Die Wissenschaft kann noch nicht hundertprozentig erklären, WIE der Kosmos und das Universum genau funktionieren, aber beides funktioniert auf seine Art wundervoll. Wichtig ist für mich, DASS es funktioniert.

Vielleicht werden uns eines Tages unsere Nachfahren auslachen, weil wir vieles von den universellen Gesetzen noch nicht gewusst haben, die später im alltäglichen Denken fest verankert sein werden. Ähnlich wie wir über unsere Vorfahren im Mittelalter oder gar der Steinzeit denken. Am Anfang ist alles Magie, erst viel später wird es messbar.
Hierzu möchte ich meine Gedanken mit dir teilen: Ich persönlich finde es nicht wichtig, dass – universell betrachtet – alles messbar sein soll. Es kann nicht wesentlich sein, immer mehr messbar zu machen, sondern wir sollten vielmehr das Materielle und das Messbare wieder loslassen lernen.

Und zwar, weil es uns meistens vom Bewusstseinsprozess wegbringt und wir den Fokus auf die wichtigen Dinge im Leben verlieren: Liebe, Achtsamkeit, Wachheit, Aufmerksamkeit, Güte. All dies ist nicht wirklich messbar, dennoch sind es die elementarsten und wichtigsten Werte, die unbestreitbar einen starken Einfluss auf ein glückliches Leben haben. Und das ist doch die wahre Magie.

Erinnere dich an einen schönen Moment, eine schöne Phase in deinem Leben. Ging es dir da nicht auch so, dass je mehr du Liebe verbreitet hast, umso mehr davon zurückkam? Jetzt erinnere dich zusätzlich noch an eine Kontrasterfahrung. Wenn es gerade nicht so gut läuft, kommt meistens alles auf einmal. Kennst du das? Rechnungen, Reparaturen, Trennung vom Partner. Als wäre das Leben gegen dich, oder?
Oder war es vielleicht doch das Gesetz der Anziehung? Manche würden sagen: Pech gehabt. An so etwas glaube ich nicht. Alles ist genau richtig, wie es ist.

Einige sagen jetzt, dass sie in schwierigen Familienverhältnissen aufgewachsen sind oder ihr Umfeld besonders hart war. Das mag alles sein, aber indem man in diesem Zustand hängen bleibt und gedanklich nicht loslässt, wälzt man die Verantwortung für sein jetziges Leben auf andere Menschen, wie zum Beispiel seine Eltern, ab. Man macht sich selbst zum Opfer und bleibt darin stecken. In diesem Moment verliert man die Macht. Man ist ohnmächtig. Ich kenne das Gefühl, denn genauso erging es mir als Kind und Jugendlichem auch.

Ich wurde gehänselt und verprügelt, konnte nichts dagegen machen und habe die Schuld immer auf die anderen geschoben. Im Epilog erzähle ich dir mehr über meine Geschichte.

Du kannst deine Situation ändern. Ein Weg könnte sein, dass du dir die Macht zurückholst, die Kontrolle übernimmst und sagst: „Ja, ich hatte eine schlechte Kindheit. Ja, mein Vater war Alkoholiker und ich bin in einem schwierigen Umfeld aufgewachsen.

Aber jetzt ist es Zeit für mich, etwas zu verändern. Ich gestalte ab sofort meine Zukunft aktiv selbst." Du hast die Macht. Du hast einen freien Willen, wenn du selbst die Verantwortung für dein Leben übernimmst. Die Vergangenheit ist vorbei. Sie wird nicht wiederkommen. Es sei denn, du erschaffst sie in deinen Gedanken immer wieder neu. Die meisten erzählen sich immer wieder dieselbe Geschichte. Eine Geschichte ist eine Geschichte. Welche Geschichte erzählst du dir jeden Tag?

Natürlich hat sie dich geprägt, aber du entscheidest, ob du deiner Vergangenheit die Schuld für deine Probleme geben willst. Oder ob du im Hier und Jetzt lebst, daraus lernst und in die Zukunft schaust. Es liegt an dir. Es ist deine Verantwortung!

Auch zum Abschluss dieses Abschnitts möchte ich dir noch einmal das Gesetz der Anziehung ans Herz legen. Kurz gefasst steht es über allem.

Alles, was passiert, ist ein Feedback deiner energetischen Schwingung. Es tritt das in Kraft, was von dir mit Energie genährt wird. Positiv wie negativ. Vor allem über einen längeren Zeitraum. Deswegen ist die Technik des Manifestierens auch so mächtig.

Was ich hier schreibe, sind Impulse für dich. Ich lasse dich an meinem Wissen, an meinen Erfahrungen teilhaben. Du darfst dir wie von einem riesigen, reichgedeckten Buffet selbst aussuchen, was du möchtest. Du kannst selbst entscheiden, in welchen Bereich deines Inneren du tiefer einsteigen möchtest. Ich möchte Augen und Bewusstsein öffnen und hoffe sehr, ich konnte dich bereits inspirieren.

Herz und Verstand

Herz und Verstand – Wenn beide eine Einheit bilden, entsteht etwas absolut Großartiges. Etwas, das deine Welt und deine Realität wirklich zum Allerbesten verändern kann. Ich habe das selbst erlebt und garantiere dir, dass es auch bei dir funktioniert, so wie bei jedem Menschen, der sich dafür öffnet.

Wenn Herz und Verstand gemeinsam „denken" – sozusagen in Kohärenz sind –, kannst du deinen Lebensweg mit einer unglaublichen Stärke gehen und bist gegen alles, was sich dir in den Weg stellt, gewappnet. Wenn Herz und Verstand zusammenarbeiten, kann dich nichts aus der Ruhe bringen und du wirst quasi immun gegen Angriffe von außen. Egal, was dir auf deinem Lebensweg begegnet, welche Steine dir in den Weg gelegt werden oder welche Hürden du überwinden darfst: Du wirst sie mit der magischen Verbindung aus Herz und Verstand besser lösen.

Besonders im Business ist es von großer Bedeutung, dass Herz und Verstand zusammenarbeiten. Wenn man ein Unternehmen hat, das ausschließlich vom Verstand aufgebaut und regiert wird, kann es natürlich erfolgreich sein und dir ein gutes Einkommen bringen. Ein Business, das du mit Herz und Verstand führst, kann dir noch ganz andere Türen öffnen. Es wird dir langfristig Reichtum in vielerlei Perspektiven und Ebenen bringen. Du wirst reich an Erfüllung, reich an guten Menschen im Umfeld, reich an Einkommen, reich an Fähigkeiten und Freude. Reichtum wird für dich ganz andere Dimensionen annehmen und rein Monetäres weit übersteigen, weil du nicht nur dir selbst hilfst, sondern auch der Erde dienst.

Nun, wie bringst du dein Herz in das Business hinein? Wie vereinst du Herz und Verstand? Oder hast du das vielleicht sogar schon? Lass uns einmal prüfen, wie weit du damit bist oder was du in diese Richtung verbessern kannst. Und vor allem: Was brauchst du, um das zu realisieren? Eines vorweg: Um das zu erkennen und es bewusst wahrzunehmen, gehört ein gewisser Grad an persönlicher Reife dazu. Das persönliche Wachstum ist oft eine Voraussetzung für den erfolgreichen Aufbau eines Business mit Herz und Verstand.

Hier ein kleiner Denkanstoß:

> ***„Frag dein Herz nicht, was es weiß, denn es kann nur fühlen."***
>
> ***Jonas Hilz***

Ein erster Schritt ist das Loslassen von allen Dingen, die du nicht mehr brauchst und Menschen, die dir nicht mehr guttun. Ich nenne das: ausmisten, den Rucksack leer machen. Wie fühlst du dich, wenn du den Mist und den Ballast abgeworfen hast? Was brauchst du, um das zu tun? Und wie kannst du die Angst vor der Einsamkeit abwenden?

Denn es ist wirklich gut möglich, dass du, wenn du Ballast abwirfst, auch Menschen gehen lassen musst die dir nahe stehen. Kannst du dann auch allein sein, ohne dich einsam zu fühlen?

Eines kann ich dir versichern: Wenn du losgelassen hast und allein bist, dann bist du nicht mehr an alte Erinnerungen gebunden. Dann ist der Weg vor dir frei und neue Türen öffnen sich. Auch wenn das zunächst schwer zu akzeptieren ist: Manchmal muss man allein sein, um einfach auch dieses Mit-sich-selber-Sein zu lernen und zu genießen. Das ist eine Frage von Eigenliebe und Wertschätzung für dich selbst. In diesem Prozess kannst du dich am allerbesten der Frage nach deiner Herzensmission widmen: Was möchte ich wirklich gerne tun? Wie integriere ich mein Herz in mein Business?

Die Antwort ist einfach: Indem du zu 100 % die Eigenverantwortung übernimmst und aus dieser Position heraus deine Entscheidungen triffst. Dann erst kannst du an der Herz-Verstand-Integration arbeiten. Und damit wirst du auch das Innere mit dem Äußeren verbinden können. Wie kommst du da hin? Ich persönlich habe für mich herausgefunden: Durch Eigenverantwortung, das Treffen von Entscheidungen, indem ich mir bewusst über mein Leben werde und loslasse. Indem ich meinen inneren wahren Kern lebe und mich nicht mehr zurückhalte was ich wirklich denke und fühle. Durch Ehrlichkeit schaffst du die Verbindung zwischen Herz und Verstand.

Weibliche und männliche Energie

In der Menschheitsgeschichte hat sich vor allem die negativ männliche Energie bei den Männern und die negativ weibliche Energie bei den Frauen durchgezogen. Kurz zusammengefasst: Frauen wurden von den Männern in vielerlei Hinsicht unterdrückt, gejagt, gefoltert und vergewaltigt. Was wäre aber gewesen, wenn die Frauen sich wie eine Art Armee zusammengeschlossen und sich gewehrt hätten? Wären diese Gräueltaten dann in diesem Ausmaß möglich gewesen? Was wäre, wenn Männer mehr die weibliche Energie zugelassen hätten? Wie kann ein Mann mit Mitgefühl eine Frau vergewaltigen? Unmöglich, oder? Wie können Millionen von Frauen, die eine Kämpfernatur in sich tragen (wie zum Beispiel Amazonen), so etwas mit sich machen lassen?

Ich möchte dir gleich erklären, was ich damit meine. Aus meiner Sicht gibt es beide Energien in einer positiven und negativen Variante. Beide Geschlechter können auf alle vier zugreifen. Beide Energien können dienlich oder hinderlich für dein Leben sein. Lass uns gemeinsam erst einmal herausfinden, was die weibliche und männliche Energie überhaupt ausmacht.

Die weibliche Energie ist eine absolute Urkraft und ein Mysterium. Sie geht tief und kommt aus der Tiefe. Sie bewegt sich gerne im Hintergrund und muss nicht im Rampenlicht stehen. Sie erschafft, sie empfängt, sie ist verbunden mit der Natur, dem Kosmos, den Tieren und den Elementen.

Die weibliche Energie ist vieles. Beide Energien, sprich die weibliche sowie die männliche, sind in alltäglichen Situationen verwoben. Die weibliche ist das Ausatmen, die Entspannung, das Genießen und Träumen. Sie ist im Vertrauen und nimmt die Dinge spielerisch an. Sie lässt geschehen.

Das weibliche Prinzip ist Hingabe und gleichzeitig Passivität.

Vielleicht gehen dir bereits Dinge durch den Kopf, die dich an gewisse Situationen erinnern. Zum Beispiel die Hingabe im Beruf oder das tiefe, bewusste Ausatmen in Meditationen, um zu dir zu kommen, dich zu entspannen und deiner inneren Mitte näher zu kommen.

Das alles sind Aspekte, die für ein Leben in Glückseligkeit absolut erforderlich sind, sowohl für die Frau als auch für den Mann. Ignorierst du das weibliche Prinzip, wirst du relativ schnell in einer Überspannung sein und ausbrennen. Am geläufigsten ist hier der Begriff „Burnout".

Wie kann so eine positive Energie jetzt negativen Einfluss auf dein Leben haben? Das klingt doch alles wunderschön, oder?

Wenn wir es übertreiben mit der Entspannung oder mit der Passivität in unserem Leben, sind wir in der sogenannten Unterspannung, die weder dir noch der Erde dienlich ist. Du fängst an zu versauern und zu verwelken.

Dein Körper und dein Geist bauen ab. Während die positive weibliche Energie eher für Wachstum und Erschaffen steht, ist die negative weibliche Energie das Gegenteil. Ich möchte dir ein Beispiel aus dem Sport geben.
Hier lässt es sich gut darstellen, da du das mit Sicherheit schon mal gehört oder gelesen hast.

Wann baut sich der Muskel auf? Im Training selbst oder in der Regeneration? Er baut sich in der Entspannungsphase, sprich der Regeneration, auf. Was aber passiert, wenn du zu lange regenerierst? Er baut sich wieder ab. Schlimmer noch, es kann passieren, dass du sogar mehr abbaust, als du vor dem Aufbau hattest. Was lernen wir daraus? In einer bestimmten Phase ist die Entspannung dienlich für das Wachstum. Ist die Entspannungsphase zu lang, ist es eher hinderlich.

Stell dir vor, du müsstest zehn Minuten ausatmen. Das funktioniert einfach nicht. Wir sind dem Gesetz der Polarität unterstellt, was so viel bedeutet wie: Geht es nach oben, wird es auch wieder nach unten gehen. Atmen wir ein, müssen wir auch wieder ausatmen.

Zusammengefasst ist es wichtig, nur für eine bestimmte Zeit in das weibliche Prinzip zu gehen und dann wieder in das männliche zu wechseln. Sowie umgekehrt.

Die männliche Energie verhält sich etwas anders.
Das männliche Prinzip steht dementsprechend für die Aktivität, die Spannung, das Einatmen, dafür sich zu zeigen, nach außen zu gehen, ins Handeln zu kommen und sich Ziele zu setzen. Sie ist kämpferisch, dynamisch und leistungsorientiert. Sie ist zerstörerisch.

Das männliche Prinzip steht unter anderem für Struktur, Halt, Kontrolle und Zerfall.

Wenn wir an die Natur und den natürlichen Kreislauf eines Baumes denken, dann sehen wir sehr schön das Wechselspiel zwischen der weiblichen und männlichen Energie. Zuallererst verbindet sich der Samen mit seiner Umgebung und empfängt die nötigen Ressourcen, wie zum Beispiel Wasser, damit er überhaupt wachsen kann. Alles andere lässt er los, er ignoriert alles, was nicht dienlich für ihn ist, um ein Baum zu werden. Auf dem Weg, ein Baum zu werden, durchläuft er verschiedene Mondzyklen und Jahreszeiten. Auf diesem Weg erlebt er immer wieder Zerfall und Wachstum. Die ganze Zeit im Wechsel. Herbst und Winter stehen für Zerfall. Frühling und Sommer für Wachstum.
Er will einfach nur wachsen. Steht dem Baum etwas im Weg, dann wächst er einfach drum herum. Er verfolgt keinen Plan, kein konkretes Ziel. Irgendwann, nachdem seine Aufgabe getan ist, ist es Zeit wieder zu gehen. Zu zerfallen. Andere, neue Bäume entstehen.

Dieser Prozess, dieser Wechsel zwischen weiblicher und männlicher Energie – zwischen Wachstum und Zerfall –, passiert jede Sekunde, jede Minute, jeden Monat und jedes Jahr. Wir können nichts machen, um das zu stoppen, und müssen es auch gar nicht. Wir dürfen es einfach nur geschehen lassen.

Deine Zellen sterben jeden Tag und es werden jeden Tag auch wieder neue gebildet. Bei einem Kind ist die Zellneubildung um ein Vielfaches höher als bei einem Erwachsenen, da hier der Wachstumsprozess dominiert. Als Senior ist der Zellzerfall höher als die Zellneubildung, bis schlussendlich unser System zusammenbricht und wir sterben.

Das ist der Lauf der Dinge. Die Frage ist nur: Wie willst du deine Zeit auf der Erde nutzen?
Die männliche Energie ist wichtig und birgt gleichzeitig auch Gefahren. Ich habe vorhin eine negative männliche Energie angesprochen. Nehmen wir die zerstörerische Energie. Diese Energie ist wahrhaftig extrem negativ besetzt. Du denkst vielleicht an Kriege, Streit und Konflikte – Und da hast du absolut recht! Die negative männliche Energie sorgt zu einem großen Anteil für die aktuelle Lage der Menschheit. Es geht oft um Macht, Status, Geld und Kontrolle.

Diese Energie kann das Grab der Menschheit bedeuten, ABER gleichzeitig ist diese Energie nicht schlecht, da sie auch positiv genutzt werden kann und auch benötigt wird.

Du benötigst die zerstörerische Energie, um Neues kreieren zu können. Du zerstörst Muster, Gegebenheiten und Gewohnheiten.

Während die weibliche Energie in uns vielleicht einen Impuls auslöst, mehr Bäume zu pflanzen, ist die männliche Energie dafür da, dies auch in Handlung zu bringen. Nur davon zu träumen, mehr Bäume zu pflanzen beziehungsweise weniger zu fällen, reicht leider nicht aus. Wir müssen es auch TUN! Das Weibliche kreiert im Innen und das Männliche führt im Außen aus.

Ich hoffe, du bekommst langsam ein Bild von der Art und Weise, wie ich denke. Das ist meine Wahrheit. Das muss nicht auch deine Wahrheit sein, aber vielleicht konnte ich dir einen Impuls geben. Ich bin sehr gespannt, was sich bei dir jetzt schon alles verändert hat.

Loslassen

„Du musst mit dem geleert werden, was dich füllt, damit du mit dem gefüllt werden kannst, was dir fehlt."

Augustin Aurelius

Loslassen ist eine zentrale Herausforderung des Lebens. Für viele Menschen ist es nicht einfach, dennoch unumgänglich. Erinnere dich an deinen Lebensweg. Jeder Mensch trägt seinen ganz eigenen Rucksack mit seinem Ballast der Vergangenheit. Niemand wird diesen Rucksack für dich tragen. Du trägst ihn, deswegen ist es von enormer Bedeutung, seinen Inhalt zu kennen. Aber was ist in deinem Rucksack drin? Je bewusster und bekannter dir der Inhalt ist, desto leichter wirst du selbst entscheiden können, was du auch morgen noch mit dir herumschleppen möchtest und was du endlich gehen lassen kannst. Ein Rucksack, dessen Inhalt wir nicht kennen, macht uns das Leben unnötig „schwer".

Es gibt nichts, was du festhalten kannst. Deswegen solltest du erst gar nicht versuchen, Dinge oder Menschen zu besitzen. Besitz ist statisch und raubt allem die Lebendigkeit. Wenn du das Gefühl hast, dir gehört etwas, egal ob ein Auto, dein Partner oder ein Stück Land, dann wisse, dir gehört nichts.

Alles, was uns im Leben begegnet, ist maximal geliehen und wird auch irgendwann wieder gehen.

Spätestens wenn wir sterben. Und deshalb macht es keinen Sinn, etwas Besitz zu nennen. Alles, was statisch ist, macht uns krank. Im Annehmen und Loslassen atmen wir das Leben in all seinen Facetten ein und aus. Nimm an, dass Menschen dein Leben verlassen, und lass Menschen oder Dinge los, die dir nicht mehr guttun. Damit fällt es dir viel leichter, deinen Lebensweg mit Herz weiterzugehen.

Du siehst, es ist ein erster wichtiger Schritt, dich selbst so anzunehmen, wie du bist. Stell dir folgendes Beispiel vor: Ein Mensch ist übergewichtig. Er oder sie steht vor dem Spiegel und denkt: „Ich bin viel zu fett. Ich finde mich ekelhaft und sehe schrecklich aus." Dieser Mensch sagt weiterhin zu sich selbst: „Niemand kann so fette Menschen wie mich ernsthaft mögen." Wenn man solche oder ähnliche Gedanken hat, ist es fast unmöglich, loszulassen. Es ist sehr schwierig, abzunehmen, weil man seinem Körper die falschen Signale gibt. Er kann – in diesem Fall das Fett – nicht loslassen. Man gibt ihm nicht die Erlaubnis dazu. Zwanghaft und mit strengster Diät verliert man vielleicht ein paar Kilos, aber es passiert mit der negativen Energie des Drucks – und diese schwingt dauerhaft mit. Außerdem ist der Jo-Jo-Effekt vorprogrammiert.

Du willst eine Veränderung? Dann kommst du nicht darum herum, dich auch im Innen zu verändern. Und dazu benötigst du unter anderem das Loslassen von allem, was Ballast ist.

Deswegen ist der erste Schritt: Akzeptiere dich selbst, wenn du in den Spiegel schaust. Um etwas zu verändern, müssen Gedanken eine andere, positive Qualität bekommen. „Okay, das bin ich. Ich bin in Ordnung. Mein Übergewicht ist eine Konsequenz meiner vergangenen Lebensweise und Glaubenssätze.

Kann es sein, dass ich für mein Übergewicht selbst verantwortlich bin? Doch ich akzeptiere mich selbst. Ich nehme mich so an, wie ich bin. Was kann ich mir Gutes tun, um mein Gewicht zu ändern?"
Vielleicht denken manche Menschen jetzt: „Nein, bei mir ist es definitiv die Veranlagung. Das liegt schon bei uns in der Familie." Bullshit, kann ich da nur sagen. Wenn man mit dieser Argumentation im Einklang ist, gibt man die Verantwortung dafür ab – und zwar an deine Gene, deine Familie. Macht das Sinn? Wenn du etwas von Geburt an mitbekommen hast, egal, was es ist, dann lern, es zu akzeptieren und dankbar anzunehmen. Überleg vielmehr, was du daraus lernen kannst und was das für deinen Lebensweg bedeutet. Wie viele Menschen gibt es, die es trotz ihrer genetischen Defekte geschafft haben, sich dennoch ein für sie gutes Leben aufzubauen. Sie sind glücklicher als viele andere Menschen ohne genetischen Defekt. Wie kann das sein? Sie übernehmen Verantwortung für ihr eigenes Leben, egal, wie hart es auch sein mag. Um beim Beispiel zu bleiben, liegt es vielmehr an der Epigenetik als an der Genetik, ob die Veranlagung sich im Leben bemerkbar macht oder nicht.

Wenn zum Beispiel jeder in der Familie Herzprobleme hatte, heißt das nicht, dass man – nur weil man die Veranlagung hat – auch automatisch Herzprobleme bekommt. Das hängt viel von der Art zu leben ab.

Kennst du den berühmten Speaker Nick Vujicic, der weder Arme noch Beine hat? Hat er sich beschwert oder sich bemitleidet? Vielleicht eine gewisse Zeit lang, als er sich noch mit anderen verglichen hat. Fakt ist: Er hat es geschafft, das Allerbeste aus seinem Leben zu machen und ein viel gefragter Motivations-Speaker zu werden. Ja, du hast richtig gelesen. Motivations-Speaker. Ist das nicht grandios?

Wenn du abnehmen möchtest oder ein anderes Ziel erreichen willst, kannst du die Technik der Visualisierung nutzen: Stell dir vor, wie du ohne diese Kilos aussiehst. Vielleicht schlank, fit, hinreißend. Verankere dieses Bild in deinem Kopf. Du kannst auch ein altes Bild von dir nehmen, auf dem du noch kein Übergewicht hattest. Denk so oft daran wie möglich. Stell es dir immer wieder vor. Wichtig ist, dass du dein Ziel visualisierst, um es dir gedanklich bewusst zu machen. Dann geh in das Gefühl hinein (Manifestation): Wie fühlt es sich an, so einen schlanken Körper zu haben? Lass das positive Gefühl in dir stark werden und verbinde es mit deinen Gedanken und deiner Vorstellung. Jetzt kommt die Aktion, die Handlung. Jetzt kann sich dein Körper auf „Abnehmen“ einlassen und es entsteht ein weiterer Effekt: In dem Moment, in dem du dich selbst akzeptierst, lässt du los.

Das funktioniert in allen Bereichen des Lebens. Du willst mehr Geld, mehr Erfolg, mehr Umsatz haben? Stell dir vor, wie dein Leben aussehen wird. Stell dir dein neues Auto vor. Stell dir dich auf der lang ersehnten Reise vor, an wunderschönen Orten, die du besuchst. Stell dir das Traumhaus vor, in dem du leben möchtest. Je genauer das Bild, dass du dir in deiner Vorstellungskraft ausmalst, und je intensiver das Gefühl der Freude und Erfüllung dabei ist, desto stärker und kraftvoller sind deine Handlungen, die dich dahin führen können. Du musst nicht wissen, WIE du dahin kommst. Du musst es nur FÜHLEN können.

Du kannst dir als Unterstützung auch ein Vision Board machen, das dich immer wieder daran erinnert, wo du hinmöchtest. Wie das geht, beschreibe ich später im Kapitel „Der irdische Weg".

Zurück zum Prinzip: Loslassen und Manifestieren. Das sind zwei kraftvolle Methoden, mit denen du dich positiv verändern kannst. Es sind die zwei Mächte, die dich voranbringen, ja, sogar „voran katapultieren" werden. Sie sind einfach und wirken trotzdem. Du kannst diese beiden Werkzeuge für alles nutzen. Probier es einfach mal aus. Vielleicht sagst du jetzt: „Jaja, Jonas, das ist leichter gesagt als getan." Ja, so klingt es und so ist es auch. Es dauert vielleicht eine Weile, bis es funktioniert, denn alles braucht seine Zeit. Und wie viel, das weiß niemand und das ist auch unwichtig.

Das Prinzip von Loslassen und Manifestieren funktioniert auch bei der Frage: „Wer will ich in Zukunft sein?"

Was für ein Mensch will ich sein?
Was für ein Partner möchte ich sein?
Was für eine Mutter/ein Vater will ich sein?

Daraus resultiert ebenfalls, welche Menschen und Situationen du in deinem Leben begrüßen willst, oder? Wenn du ein kommunikativer, liebevoller und treuer Partner sein willst, dann ist es wichtig, genauso einen Partner anzuziehen. Was du übrigens automatisch tust, wenn du ganz klar definierst, wer du sein willst und was du in deinem Leben haben möchtest. Schreib dir jedes Detail auf, wenn du etwas manifestierst. Nimm dir Zeit und beschreib das Ergebnis ganz klar. Das klingt auch einfach, doch es braucht einen gewissen Prozess, dorthin zu kommen. In meinen Augen ist das die wahre Authentizität, nach der wir alle streben. Klar und deutlich beantworten zu können: Wer bin ich? Was macht mich aus? Wer will ich sein? Welche Werte vertrete ich? Ich glaube daran, dass wahre Authentizität zu einem erfüllten Leben führt.

Also… Loslassen ist der erste Schritt.

Was lässt du heute los?

„Freue dich, über das, was du hast. Schätze noch mehr, was du nicht brauchst.“

Jonas Hilz

Ich habe eine Metapher für dich, durch die du die Schritte dieses Abschnitts besser in Erinnerung halten wirst:

Solange es im Fluss ist, ist das Wasser so frisch, dass du es trinken kannst. Klar und rein. Es ist nicht abgestanden und schmeckt gut. Auch die Umgebung zehrt von diesem frischen Wasser. Am Ufer des Flusses kannst du die üppige Natur beobachten. In diesem Kreislauf existiert ein Geben und ein Nehmen. Natur nimmt und gibt wieder. Alles ist im Fluss. Auch wir Menschen funktionieren am besten, wenn wir im Fluss von Geben und Nehmen sind.

Manche Menschen bauen allerdings in ihrem Leben einen Staudamm, blockieren sich damit selbst und lassen nicht los. Damit stoppen sie den Energiefluss. Egal, ob du deinen Partner bei dir behalten willst, dein Geld oder deinen Job: Sobald du anfängst, Energie anzuhalten oder aufzustauen, entsteht ein Ungleichgewicht. Ehrlich: Es ist egoistisch, etwas horten zu wollen. Der Staudamm führt dazu, dass nichts mehr fließt. Kennst du dieses Gefühl?

Übertragen auf dich, heißt das: Du wirst dich nicht mehr wohlfühlen. Deine Umgebung wird nicht mehr schön, prachtvoll und strahlend sein, wenn du die Energie nicht fließen lässt. Du kannst sowohl Wasser, als auch Energien eine gewisse Zeit lang aufstauen. Irgendwann bricht der Damm. Das tut weh. Dann verlierst du etwas und kannst es nicht aufhalten, denn ein Fluss will fließen – egal, ob er aus Wasser oder Energie besteht. Lass lieber gleich alles in deinem Leben fließen. Wenn du jemanden kennenlernst, lass ihn in Gedanken frei. Wenn du Geld verdienst, halte nicht daran fest. Du wirst dich besser fühlen und glücklicher sein, wenn du das akzeptierst und im Fluss des Lebens bleibst.

Liebe

Was ist Liebe? Das mit Worten zu beantworten, ist ähnlich herausfordernd, wie nach dem Sinn des Lebens zu fragen. Ich will dir zuerst sagen, was Liebe NICHT ist. Liebe ist kein Gefühl und kein temporärer Zustand. Liebe ist nicht Verliebtsein und Schmetterlinge im Bauch haben. Das ist vielleicht alles ein Teil der Liebe, aber nicht die Liebe selbst. Liebe kann nicht aus einem Moment heraus entstehen, sie ist vielmehr immer schon da. Wir haben sie oft nur zugeschüttet mit Missgunst, der Angst davor, verletzt zu werden, mit Neid, aber auch mit Hass oder Habgier. Die Liebe ist das reine Sein. Sie ist der Moment. Liebe führt zu einem Gefühl, ist aber selbst keines. Liebe hat keine Erwartungen, Pflichten, Voraussetzungen, Gebundenheit oder Ähnliches. Liebe ist bedingungslos. Sie ist ein tiefes, unausgesprochenes Versprechen, in ihrem Namen zu dienen.

Ich möchte noch einmal mein absolutes Lieblingszitat mit dir teilen:

„Liebe - und tue, was du willst."

Der heilige Augustin

Und hier kommt, was Liebe für mich noch ist: Liebe ist Fülle. Liebe ist Freude. Liebe ist Geben und Dienen. Liebe ist Dankbarkeit. Das und noch viel mehr. Liebe führt zur Einheit beziehungsweise Liebe ist Einheit. Liebe verbindet in Partnerschaft, verbindet Familie und Freunde.

Liebe ist der Moment der Einheit mit allem, der Moment, in dem du nichts brauchst. Der Moment, in dem du alles bist. Der Moment, in dem du dich auf deinem Lebensweg umsiehst und wirklich klar und bewusst erkennst, dass sich alles in seiner perfekten Unvollkommenheit zum Ausdruck bringt. Du erkennst die Schönheit, die allem und wirklich allem innewohnt. Du bist in Liebe. Unabhängig von äußeren Reizen, spürst du eine unendliche Freude in dir.

Bei wie vielen Schritten auf deinem Lebensweg hattest du dieses Gefühl bisher? Dass du einfach Liebe in dir fühlst, ohne dass etwas im Außen passiert, ohne dass du etwas bekommst. Du bist einfach in Liebe.

Lass uns doch mal erspüren, wo du Liebe auf deinem (imaginären) Lebensweg wahrnehmen kannst. Wer empfängt deine Liebe? Welchen Weggefährten oder Umgebungen tust du gut? Wo erhältst du Liebe? Und wo kannst du in der Art, wie du Liebe ausstrahlst, noch umfassender in deiner Vorstellung werden?

Erinnerst du dich, was ich zu Beginn des Buches geschrieben habe? Wir sind alle eins. Alles ist miteinander verbunden. Deswegen ist alles gleichzeitig Liebe.

Das alles ist – wenn man es überhaupt beschreiben kann – die wahre Liebe. Gleichzeitig dürfen wir auf diesem Planeten die Liebe auch als ein Verb verstehen. Eine Tätigkeit. Du tust es. Du liebst jemanden. Du liebst dich selbst. Aktiv und passiv (Sein). Also tue es. Liebe jetzt! Liebe ist die stärkste Macht im Kosmos.
Sie kann alles überwinden: Gewalt, Armut, Krieg. Im Ersten Weltkrieg bekämpften sich die Soldaten monatelang erbittert auf dem Schlachtfeld. Doch es gab einen Moment, in dem deutsche und französische Soldaten die Waffen niederlegten, sich in der Mitte trafen und zusammen Weihnachten feierten. Am nächsten Tag wurde wieder geschossen. Aber zumindest in diesem einen kurzen Moment hatte die Liebe gesiegt.

Angst ist die Abwesenheit von Liebe. Wer behauptet, Angst sei wichtig, um im Leben voranzukommen, behauptet gleichzeitig, dass er keine Liebe braucht. Natürlich kann Angst in gewissen Situationen eine Antriebskraft sein, dennoch ist Angst für mich mehr die Hürde, die es zu überwinden gilt – und zwar mit Mut und Liebe. Angst kann auch Navigator und Schutz sein. Gleichzeitig – und das ist es, was meistens passiert – resultiert aus Angst Lähmung und Starre. Das Endziel besteht darin, den Weg zu gehen. Den Weg in Liebe zu gehen, zu wachsen, die Angst zu überwinden und in die wahre Fülle zu kommen.

Liebe bedeutet Leben. Wenn du also mehr erleben willst, ist Liebe der Schlüssel. Stell dir vor, in dir wohnt pure Liebe und du bist nur von Liebe umgeben.

Wie sieht diese Liebe für dich aus? Schließ gerne die Augen, stell dir einen Moment in deinem Leben voller Liebe vor und beobachte, welche Farbe die Liebe für dich hat. Was nimmst du wahr? Wie fühlt es sich an?

Jetzt stell dir, nur für ein winzig-kurzen Moment, die Angst vor: Schließ gern auch hier deine Augen und beobachte, welche Farbe Angst für dich hat. Was nimmst du hier wahr? Wie fühlt sich die Angst für dich an? Gehe tief in das Gefühl hinein, damit diese Übung funktioniert.
Doch es darf und muss auch Angst geben. Die Frage ist, wie du damit umgehst. Wenn du das Gefühl der Angst ausblendest, obwohl sie doch manchmal da ist, tust du auch nichts anderes, als den Fluss des Lebens zu stauen. Wenn du hingegen durch die Angst hindurchgehst, regelrecht in sie eintauchst, dann entmachtest du sie und sie verschwindet überraschenderweise schnell wieder. Ich nenne das auch: Seine Komfortzone verlassen und durchbrechen.

An dieser Stelle möchte ich einen kurzen Exkurs dazu geben, was der Unterschied zwischen Angst und Furcht ist. Furcht bekommst du bei einer plötzlich auftretenden Bedrohung, wie zum Beispiel bei einem Tornado. Furcht ist nur temporär und dient zum Schutz. Dann gibt es die subjektive und die objektive Angst. Die objektive Angst ist ein Überlebensmechanismus, wie zum Beispiel die Angst vor bestimmten Tierarten. Diese haben wir für uns als tödlich beziehungsweise sehr gefährlich abgespeichert. Meistens sind sie es aber gar nicht. Diese Angst ist dauerhaft im Hintergrund präsent, da sie eine frühere Urangst von unseren Vorfahren aufgreift.

Wenn wir uns jetzt die subjektive Angst anschauen, kommen wir schnell zu dem Punkt, dass sie selbst durch Adaption, Traumata oder andere Erfahrungen erschaffen worden ist. Sie gibt es eigentlich gar nicht.

Die objektive Angst ist für das Überleben der Menschheit sehr wichtig. Die subjektive blockiert und hemmt jedoch, das Leben zu leben, was man sich erträumt.

Subjektive Angst ist zum Beispiel die Angst vor Ablehnung oder auch Verlustangst. Die meisten Ängste, die Menschen haben, sind subjektive Ängste und sie sind das Hauptproblem, warum die wenigsten ihren Lebensweg mit Herz gehen. Ich glaube, wenn du es schaffst, 80 % deiner Ängste aufzulösen und mit den restlichen 20 % lernst umzugehen, bist du der Meister deines Lebens.

Ich möchte dir zur Angst eine kleine Geschichte erzählen:

Eine Kuh und ein Bulle stehen auf der Weide, als ein Tornado aufzieht. Die Kuh bekommt Angst und versucht wegzurennen. Am Anfang gelingt es der Kuh auch, doch irgendwann werden ihre Beine müde. Ihr geht die Luft aus, sie wird langsamer und der Tornado holt sie ein. Die Kuh stirbt. Der Bulle dagegen nimmt all seinen Mut zusammen und rennt mitten in den Tornado hinein. Im Auge des Wirbelsturms ist er geschützt und ihm geschieht nichts. Der Tornado löst sich auf und der Bulle steht wieder im Sonnenschein mitten auf der Weide. Er ist zwar erschöpft, dennoch in seiner Lebendigkeit. Der Bulle ist nicht vor dem Tornado (Angst) weggelaufen. Er hat ihn angesehen und sich damit konfrontiert.

Was passiert, wenn du kurz in die Angst hineingehst, es kurz wild und unheimlich wird? Was passiert, wenn du nicht mehr länger vor der Angst wegläufst? Du endlich hinsiehst? Genau: Du besiegst die Angst. Du hast es geschafft. Du warst mutig und hast dich ihr gestellt.

Wenn also ein Tornado durch dein Leben fegt und du Angst bekommst, möchte ich dir raten: Stell dich ihm, geh hinein und somit durch die Angst hindurch. Leb diese Angst aus und versteck dich nicht vor ihr. Wenn du dich mit ihr beschäftigst, tut das sicher einen Moment lang sehr weh, aber du kannst gewiss sein: Sie vergeht schneller, als du denkst.

Ein anderes Beispiel: Stell dir bitte kurz Markus und Susanne vor, ein Liebespaar. Sie lieben sich und sprechen täglich miteinander. Nun meldet sich Markus einen ganzen Tag lang nicht. Susanne beginnt, sich Gedanken zu machen. Was ist los? Warum meldet er sich nicht? Ist etwas passiert? Vielleicht trifft er sich ja heimlich mit einer anderen Frau? Sie stellt sich alles Mögliche vor, vergisst es dann aber wieder.

Dann muss er ein paar Tage später plötzlich für eine Woche auf Geschäftsreise und meldet sich auch dort nur sehr sporadisch. Susanne erinnert sich an ihre Gedanken und wird misstrauisch. Mit anderen Worten: Der Tornado baut sich immer mehr auf. Sie bekommt plötzlich Angst, dass Markus sie wegen einer anderen verlassen und sie ihn verlieren könnte. Sie spürt, dass irgendetwas nicht stimmt, und leidet, ohne sich mitzuteilen.

Erst nach Wochen fasst sie den Mut, mit ihm ein Gespräch zu führen. Sie will endlich wissen, was los ist. Markus ist völlig überrascht. Es stellt sich heraus, dass er einfach nur unglaublichen Stress in seinem Job hat. Mehr nicht.

Kannst du die Parallelen zur ersten Geschichte sehen? Wer Angst hat, baut oft zusätzlich noch Angst vor der Angst auf. Alles passiert im Kopf. Wir machen uns selbst Angst, indem wir uns eine Geschichte zusammenbauen und die inneren Vorstellungen immer mächtiger werden lassen. Wenn wir dann in die Angst hineingehen, stellt sich sehr oft heraus, dass alles gar nicht so schlimm ist.

Ich möchte dich deshalb motivieren, dich in Zukunft der Liebe zu widmen, vor allem der Selbstliebe. Und der Fähigkeit, deine Angst zwar zu spüren, aber nicht mächtig werden zu lassen.
Du kannst erst jemand anderen lieben, wenn du dich selbst liebst. Stell dir vor, du springst ins Wasser. Wo fängt es an, Wellen zu schlagen? Direkt da, wo du ins Wasser gesprungen bist, oder? Und diese Wellen ziehen sich weit bis ans Ufer. Ganz sanft. So ist es auch mit der Liebe.

Wenn wir wissen, dass alles EINS und miteinander verbunden ist, und wir auch in diesem Bewusstsein leben, helfen wir uns selbst und der restlichen Menschheit, ihre Probleme zu lösen und damit die Erde zu einem schöneren Ort zu machen. Wenn sich alle Menschen wahrhaft selbst lieben würden, gäbe es kein Leid auf dieser Erde. Keine Kriege. Keine Armut. Keine Drogen.

Wenn jeder Mensch seine Probleme mit Selbstliebe löst, in Selbstliebe ist und wahrhaft Liebe „versteht", hat das nichts mit Egoismus zu tun. Es geht nicht um das Ego, es geht um die Liebe. Das ist die einzige Wahrheit und das einzige Prinzip, das funktioniert.

Da wir natürlich im Gesetz der Polarität leben, stellt sich mir die Frage: Das Ziel kann doch nicht sein, Krieg, Armut und andere Dinge auszulöschen, oder? Das würde bedeuten, es gäbe auch keinen Frieden und Reichtum mehr. Wo das eine herrscht, herrscht auch parallel immer das andere. Wie soll das denn bitte gehen?

Meine Theorie dahinter ist ganz einfach. Jeder führt einen eigenen, individuellen Krieg und hat seine eigene Armut in sich. Sozusagen das Mangeldenken. Solange wir Mensch sind, lässt sich das nicht hundertprozentig ausmerzen. Das müssen wir auch gar nicht, wenn wir stattdessen lernen, mit diesem inneren Krieg umzugehen und es im Mangeldenken schaffen, immer und immer wieder zurück in die Fülle zu kommen. Die Polarität im Innen zu leben und somit die Ausdehnung nach außen zu vermeiden.

Den liebevollen UMGANG mit uns selbst zu lernen, führt unweigerlich zu Harmonie, Liebe und Gleichgewicht. Dem Zustand, den jeder Mensch doch im Prinzip – unbewusst oder bewusst – anstrebt. Das ist meines Erachtens die Lösung. Somit achten wir das Polaritätsgesetz und leben trotzdem in Harmonie.

Du kannst niemandem deine Liebe aufdrängen. Ebenso wenig wie andere verändern. Wenn du es versuchst, entstehen Konflikte, weil zwei verschiedene Meinungen aufeinanderprallen. Wenn du liebst, akzeptierst du andere, wie sie sind.

Alles, was du tun kannst, ist, dich selbst zu verändern. Es gab bestimmt einmal einen Moment in deinem Leben, in dem du dich entschieden hast, an einem Teil von dir zu arbeiten, also dich zu verändern. Erinnerst du dich? Hat sich nicht automatisch auch dein Umfeld geändert? Vielleicht hast du aufgehört zu jammern und zu klagen? Vielleicht 30 Kilo abgenommen? Plötzlich sind Menschen dir anders begegnet, manche haben sich einfach aus deinem Leben geschlichen, sich nicht mehr gemeldet, von anderen hast du dich distanziert. Du hast gar nicht aktiv dazu beigetragen.

Es ist scheinbar von selbst passiert. Das liegt daran, dass du dich für einen anderen Weg entschieden hast. Entscheiden heißt auch, sich von etwas zu „scheiden", somit zu trennen. Das heißt, du trennst dich von einer Sache oder einem Menschen, um weiterzukommen. Das muss gar nicht unbedingt bewusst passieren oder ausgesprochen werden. Manchmal passen Menschen plötzlich nicht mehr zu dir und sie verschwinden einfach. Sehr oft ist das gut so, denn es bringt weder dich auf deinem, noch sie auf ihrem Weg weiter.

Zurück zur Liebe: Liebe ist Energie im Kosmos, die sich selbst erzeugen kann. Sie ist unendlich. Stell dir vor, was passiert, wenn du Liebe für deine Ziele einsetzen würdest.

Du weißt: Je mehr Energie du in ein Ziel investierst, desto schneller wirst du es erreichen. Wenn du zwei Stunden an einem Projekt arbeitest, kannst du naturgemäß mehr umsetzen, als wenn du nur eine Stunde hineinsteckst. Wenn du in diesen zwei Stunden sehr viel effizienter arbeitest, weil du wirklich deine ganze Energie auf dein Ziel und deine Arbeit bündelst, kommst du noch schneller voran.

Wenn du jetzt das Ganze noch mit Liebe garnierst, kostet das keine Energie und du fühlst dich wie aufgeladen oder mindestens genauso energievoll wie vorher. Warum? Weil Energie und Liebe unendlich sind. Zumindest die mentale und emotionale Energie. Dein Körper hingegen braucht Pausen, um sich wieder aufzuladen.

Deine Energie ist umso größer, je mehr Liebe du investierst. Loslassen dagegen hilft, Energieverlust zu vermeiden, weil wir alte Dinge hinter uns lassen und dem Universum zurückgeben. Loslassen ist dazu da, Stagnation zu vermeiden. Liebe, um Energie zu maximieren. Und wenn du beides intelligent kombinierst, tritt sogar ein selbstverstärkender, doppelter Prozess ein.

Mit Liebe ist das Leben einfach. Hass und Angst dagegen belasten. Diese Gefühle sind mit Stress und Druck verbunden. Sie können dich zwar antreiben, aber du erlebst dann auch immer Konflikte und Widerstand.

Ich betone noch einmal: Diese Gefühle darf es auch geben. Es ist nicht immer Friede-Freude-Eierkuchen! Unterdrück sie nicht. Doch sei dir in jedem Augenblick bewusst, wie einfach es ist, Probleme mit Liebe zu lösen. Das kannst du auf jede Situation anwenden. Ein Beispiel: Der Chef ist sauer, weil ein Mitarbeiter sich verspätet. Dieser sagt jedoch einfach mit einem Lächeln: „Sorry, ich habe keine Entschuldigung. Ich liebe meine Arbeit und ich gebe mir Mühe, dass es nicht wieder vorkommen wird." Die Wut des Chefs wird schnell verrauchen. Ich kenne das von meinen eigenen Mitarbeitern. Wenn sie zu einem Meeting zu spät kommen, lächeln sie mich an, weil sie schon darauf trainiert sind. Dann verschwindet mein Ärger sofort.

Liebe soll kein Freifahrtschein sein, andere zu enttäuschen und es dann einfach wegzulächeln, aber die Liebe kann Druck und Stress aus Situationen nehmen. Liebe wird Konflikte vermeiden oder zumindest mindern. Sie wird neue Optionen ermöglichen. Gleichzeitig muss dann natürlich auch daran gearbeitet werden, dass Konfliktsituationen reduziert werden.

„Behandle andere so, wie du von ihnen behandelt werden willst."

Konfuzius

Was mir besser gefallen hat, war:

„Behandle andere so, wie sie behandelt werden möchten."

Unbekannt

Ich glaube, in beiden Fassungen steckt Wahrheit. Echte Liebe löst jedes Problem in deinem Leben. Ein Lächeln ist ein Akt der Liebe, genau wie eine Umarmung, eine Berührung oder ein paar nette Worte. Liebe kennt keine Uneinigkeit. Liebe kennt keine Gegner. Liebe ist Energie. Wir sind alle Energie. Das heißt, wir sind alle miteinander verbunden. Wenn du dir selbst hilfst, hilfst du auch anderen. Wenn du dich selbst liebst, liebst du auch andere.
Natürlich gibt es hier unzählige Theorien und Meinungen dazu. Deswegen lade ich dich einfach ein, hinein zu spüren, was sich für dich stimmig anfühlt.

Lebst du in diesem Bewusstsein, werden andere Menschen von deiner Aura angezogen? Im Prinzip geht es genau darum: andere Menschen zu beeinflussen, ohne sie zu beeinflussen. Buddha sagte: „Es ist größer, fünf Minuten lang die wahre göttliche Liebe auszudrücken, als 1000 Schalen Reis den Bedürftigen zu geben. Denn durch die Liebe hilft man jeder Seele im Universum." Buddha wusste natürlich, dass alles eins und dass Liebe die stärkste Macht ist. Im Kosmos gibt es nur die Liebe.

Hass, Angst und Wut sind menschliche Emotionen. Sie existieren im Universum nicht.

„Liebe ist, wenn du Liebe bist."

Jonas Hilz

Dazu habe ich eine weitere kurze Geschichte, die ich dir erzählen möchte:

Ein alter Mann geht mit einem kleinen Jungen spazieren. Beide gehen zu einem wilden Fluss und der kleine Junge fragt den alten Mann: „Wenn ich in den Fluss springe, werde ich dann ertrinken?" Der alte Mann antwortet: „Nur, wenn du im Wasser bleibst."

Ich finde diese Geschichte sehr stark. Sie regt zum Nachdenken an. Sie zeigt klar, dass wir Angst haben oder wütend sein dürfen. Das ist menschlich. Entscheidend ist, dass wir nicht darin verharren.
Du triffst die Entscheidungen in deinem Leben, wie es gerade richtig ist und wie es sich gut anfühlt. Zumindest glauben wir das mit unserer subjektiven Perspektive. Vielleicht ist ja auch alles bereits vorgeplant. Wer weiß? Vielleicht hat die komplette Menschheit, sowie alle Philosophen unrecht mit der Liebe. Wer weiß das schon?

Vielleicht sind wir auch nicht alle eins? Vielleicht gibt es doch unterschiedliche Seelenstämme und Hierarchien? Glaub mir nicht alles, sondern noch einmal: Pick dir das heraus, was sich für dich gut anfühlt.

Fakt ist: Ich fühle mich gut mit der Liebe. Sie ist schön. Seitdem sie ein fester Bestandteil im Tiefsten meines Herzens geworden ist, ist mein Leben ein Traum. Nur das zählt für mich. Mich interessiert nicht, wer recht oder unrecht hat.

Für alle, die sich mit dem Thema Liebe, wie ich sie beschrieben habe, noch schwertun, möchte ich eine sehr hilfreiche Brücke bauen: die Dankbarkeit. Dankbarkeit führt zu Liebe. Wenn du dankbar für dein Leben bist, entsteht automatisch Liebe. Du baust dir ein Momentum auf. Du kannst zum Beispiel dankbar für diesen Moment sein. Dafür, dass du eine Familie, ein Dach über dem Kopf hast und dir etwas zu Essen kaufen kannst. Dankbarkeit ist der Schlüssel zur Liebe. Wenn du nicht dankbar sein kannst, kannst du auch keine Liebe empfinden.

„Liebe ist wie das Essen. Soll es schmecken, musst du es jeden Tag frisch zubereiten."

Jonas Hilz

Dankbarkeit

Dankbarkeit ist ein tiefer Ausdruck von Liebe. Schon der britische Philosoph und Forscher Francis Bacon prägte diesen ungemein genialen Satz:

„Nicht die Glücklichen sind dankbar. Es sind die Dankbaren, die glücklich sind."

Francis Bacon

Wenn du dich gerade gedanklich auf deinem Lebensweg befindest, wofür bist du dankbar? Wir dürfen auf unserem Lebensweg jeden Tag, jeden Moment und im Grunde jeden einzelnen Atemzug dankbar sein. Lass uns für einen Moment ein Experiment durchführen. Nimm dir einen Zettel und einen Stift. Du hast drei Minuten Zeit. Nenn mir zehn Dinge, die du nicht magst, und zehn, für die du dankbar bist. Was fiel dir leichter?

Ich finde es immer wieder spannend, zu erleben, dass der Großteil der Menschen, zumindest in der westlichen Welt, stärker im Gefühl des Nicht-Mögen verharrt als im Gefühl der Dankbarkeit. Vielleicht gehörst du aber zu jenen Menschen, die das Leben als Wunder betrachten.

Denn es ist ein Wunder, wenn wir aus dem Schlaf zurückkehren ins Leben. Sei deinen Sinnen dankbar, die dich an der Schönheit der Welt und dem Leben teilhaben lassen. Sobald du beginnst, für die kleinen Dinge dankbar zu sein, bekommt dein Leben eine ganz andere, viel tiefere Qualität. Das ist das, was dir Dankbarkeit in deinem Leben schenkt.

Dankbarkeit führt zu großem Glück. Und Dankbarkeit funktioniert am besten, wenn sie wirklich tief gelebt wird. Es geht darum, JEDE Situation, die einem widerfährt, intensiv zu leben. Auch die Misserfolge. Es ist essentiell wichtig, auch dafür dankbar zu sein. Alle Misserfolge widerfahren dir, weil sie ein wichtiger Teil auf deinem Lebensweg sind. Nur durch sie kannst du lernen, dich weiterzuentwickeln und voranzukommen. Wenn du zum Beispiel ein Leistungsziel hast und im Gegensatz zu deinen Konkurrenten für jeden Rückschlag, jede Hürde, jede Verletzung auf dem Weg dorthin dankbar bist, dann hast du mehr Energie, Kraft und Liebe als die anderen.

Für schöne Dinge dankbar zu sein, ist ein Kinderspiel. Die Kunst – und hier beginnt wahre Reife – besteht darin, auch Negatives dankbar anzunehmen. Zum Beispiel eine Erkältung während der Vorbereitung auf einen wichtigen sportlichen Wettkampf oder andere Dinge, die sich dir scheinbar in den Weg stellen. Das vermögen wirklich nur wenige Menschen. Aber gleichzeitig kennzeichnet es all diejenigen, die überragende Leistungen liefern und große Ziele erreichen.

Um beim Beispiel zu bleiben: Vielleicht geht die Regeneration bei einem Athleten besonders schnell, weil er die Erkältung dankbar als Prüfung annimmt anstatt mit seinem Schicksal zu hadern. Am Tag des Wettbewerbs bekommt er durch den positiven Umgang mit der Erkältung möglicherweise einen großen Energieschub und gewinnt. Aus meiner eigenen Lebenserfahrung heraus kann ich bestätigen, dass du definitiv eine Reaktion auf deine Dankbarkeit zurückbekommen wirst. Die Energie des Universums ist Liebe – und Dankbarkeit ist ein Weg zur Liebe. Sei dankbar und Liebe kommt zu dir zurück. Wie ein Bumerang. Du kannst sicher sein: Das Leben will immer nur das Beste für dich. Wir sind nicht auf die Welt gekommen, um Schlechtes zu erleben. Wenn uns etwas als schlecht erscheint, dann ist das nur unsere Wahrnehmung und Interpretation der Ereignisse.

Genauer gesagt, gibt es im Universum die Kategorien „gut" und „schlecht" gar nicht. Sie sind Erfindungen der Menschen. Es gibt nur Erfahrungen und Lernmöglichkeiten. Universell betrachtet, gibt es nur die Ausdehnung. Das Universum will sich ausdehnen. Wie sich das Universum ausdehnt, ist ihm egal. Genau wie bei einem Baum. Wie der Baum wächst, ist ihm egal. Hauptsache er wächst. Wir entscheiden selbst, ob eine Erfahrung gut oder schlecht ist. Auch wenn wir das Gefühl haben, dass uns etwas sehr Schlechtes widerfährt, ist es sicher nur eine weitere Lernerfahrung für uns und unser Umfeld. Das zu akzeptieren, ist essentiell, um persönliches Wachstum zu erfahren.

Was es tatsächlich gibt, sind niedrigschwingende und hochschwingende Frequenzen. Hochschwingend sind „positive“ Gefühle wie Liebe und Dankbarkeit. Niedrigschwingend sind hingegen „negative“ Gefühle wie Hass oder Neid.
Die finale Bewertung dahinter, ob das gut oder schlecht ist, gibst allerdings du. Womit du die Schwingungen – in die eine oder die andere Richtung – noch verstärkst.

Alle Menschen, die eine tiefe Krise durchlebt haben, werden das bestätigen können. Sie sind aufgestanden, haben ihre Krone gerichtet, weitergemacht und waren stärker als je zuvor. Egal, ob es sich um eine schwere Krankheit oder einen anderen Schicksalsschlag handelt: Wenn man es geschafft hat, das zu meistern, sieht man das Leben danach mit anderen Augen. Wenn man Liebe, die man in sich trägt, nach außen bringt, verändert man damit die Welt. Es wird eine Kettenreaktion in Gang gesetzt. Der Kosmos ist ein komplexer, universeller Organismus, in dem alles zusammenhängt. Man kann sich das Universum auch als riesige Maschine vorstellen, die sich aus unzähligen Zahnrädern zusammensetzt. Wenn man an einer Stelle schraubt, verändert man das ganze System. Deswegen kann man auch als einzelner Mensch viel bewirken, wenn man seine eigene Stellschraube verändert.
Stell dir bitte den menschlichen Organismus vor. Du hast Arbeiter (Zellen), die reparieren, erstellen, erschaffen. Es entstehen beziehungsweise verändern sich aber auch Zellen, zum Beispiel Krebszellen, die versuchen ihr eigenes Überleben zu sichern. Allerdings zerstören sie langfristig ihren Wirt.

Sie selbst wissen das nur leider nicht. Jetzt zoom bitte etwas aus diesem Bild heraus. Stell dir vor, der gesamte Planet Erde ist nun wie dieser menschliche Organismus. Auf ihm gibt es Arbeiter, die reparieren, erstellen und erschaffen – also jene, die der Erde dienlich sind und zum Kreislauf gehören. Und es gibt die Zerstörer, die den Planeten – ihren Wirt – vernichten, teils bewusst, teils unbewusst. Sie glauben wirklich, sie helfen der Erde.

Zoom bitte noch etwas weiter heraus. Das gesamte Universum ist nun wie dieser menschliche Organismus. Es gibt Planeten und Sterne, die gedeihen und entwickeln sich. Andererseits gibt es Sterne die explodieren und dadurch sogar nahe liegende Planeten und Sterne schädigen können. Ich finde es interessant, dass alles nach ähnlichen Gesetzen funktioniert: auf der Mikro- sowie der Makro-Ebene. Wie im Kleinen, so im Großen und umgekehrt. In unseren Zellen und im Weltall. Alles ist mit allem verbunden.

> ***„Ich bin die Sonne und doch nur ein Sonnenstrahl der Sonne, aber doch gleichzeitig die Sonne."***
>
> ***Eckhart Tolle***

Das Leben kann so einfach sein, oder?

Um das erste große Kapitel noch einmal zusammenzufassen: Mein Lebensweg hat mich dazu geführt, in jedem Moment im Hier und Jetzt zu leben. Darum geht es und aus diesem Grund möchte ich dir zeigen, wie du lernst, für dich selbst verantwortlich zu sein und die Schuld niemals mehr auf andere zu schieben. Wenn du es schaffst, aufzuhören, andere zu verurteilen, bist du nicht mehr getrennt, sondern mit dem großen Ganzen verbunden. Schaffst du es nicht – so wie ich es in Phasen meines Lebens nicht geschafft habe –, entstehen Konflikte, Angst und Wut. Ich habe gelernt, in jedem Augenblick meines Lebens, selbstverantwortlich zu handeln und mit dem Universum im Einklang zu bleiben. Das schaffe ich, wenn ich mich selbst und andere liebe.

Es ist eine Erfahrung, zu lernen, wie wichtig es ist, loszulassen. Lass alle negativen Dinge los, die dir widerfahren sind. Vergib den Menschen, die dir aus deiner Perspektive Unrecht angetan haben. Akzeptier, wo du gerade in deinem Leben stehst. Setz dir neue Ziele. Sei dir der Gesetze bewusst. Alles, was du im Leben tust und denkst (Aktion), führt zu einer Reaktion. Wenn du zum Beispiel denkst „Heute werde ich einen Unfall haben“, ist die Wahrscheinlichkeit hoch, dass etwas passiert. Es muss kein großer Unfall sein, vielleicht stößt du dich ja auch nur irgendwo an. Entscheidend ist: Je nachdem, wie stark unsere Gedanken oder die Manifestationen waren, werden sie früher oder später zur Wirklichkeit.

Die Entstehung dieses Buches

Kennst du dieses Gefühl, mitten in einem Projekt zu sein und dann das Handtuch schmeißen zu wollen? Die Entstehung dieses Buches war meine größte mentale Kontrasterfahrung, die ich jemals gemacht habe. Diese Geschichte möchte ich mit dir teilen. Hier liegen sehr viele Energien und Emotionen verborgen: Trauer, Wut, Freude und Angst. Dennoch bin ich dankbar dafür und kann dir sagen, dass du gerade einen Teil meines Herzens in deiner Hand hältst.

Alles begann 2014. Ich hatte einen Traum. Mein eigenes Buch. Meine Fußstapfen. Ein Werk, das viele tausende Menschen erreicht. Etwas Dauerhaftes, das die Erde ein Stück weit verändern soll. In der Vergangenheit habe ich mir selbst sehr viele Steine in den Weg gelegt. Wie schreibe ich ein Buch? Über was soll ich schreiben? Das kann ich doch gar nicht. Ich hatte im Schulfach Deutsch eine Fünf. Wenn ich es doch einfach nur erzählen könnte und es gäbe jemanden, der daraus ein Buch machen würde. Das wäre toll. Somit war das Projekt Buch erst einmal für lange Zeit in meiner gedanklichen Schublade gelandet. Vier Jahre später kam wieder ein Impuls, das Buch zu schreiben. Ich hatte die Transkription für mich entdeckt und konnte jetzt das Buch runtersprechen. Jetzt fehlte mir nur jemand, der das Transkribierte umschreibt und sauber formuliert. Der Startschuss ertönte, als ich meinen Vater Anfang 2019 in Australien besuchte.

Abgesehen von der fantastischen Zeit dort, sprach ich das Buch in zwei Wochen komplett herunter. So einfach kann es sein, dachte ich mir. Ich fand eine Journalistin, die das Buch umschrieb und mir das Gefühl gab, super gut voranzukommen. Ziel der Veröffentlichung: Herbst 2019. Im Juni 2019 traf ich auf eine Ghostwriterin, die mir schnell klarmachte, dass das Buch so nicht veröffentlicht werden könne. Sie erzählte mir, wie schlecht das Buch sei und dass es niemand lesen würde. Da ich mich nicht auskannte, hatte sie mich schnell überzeugt und ich wechselte von der Journalistin zu ihr. Ich verschob nach Absprache meinen Buchlaunch auf Frühjahr 2020. Im Oktober 2019, nach einem ausführlichen, gemeinsamen Workshop zur Erarbeitung des Buchkonzepts, war ich begeistert und voller Vorfreude, mein Projekt „Buch“ mit ihr richtig zu professionalisieren.

„Jonas, ich habe richtig Lust, das selbst zu schreiben. Das wird so gut. Ich freue mich sehr auf die Arbeit mit dir und in drei Wochen hast du von mir die ersten Seiten zum Drüberlesen. Ich fühle genau, was du für ein Buch haben willst“, wurde mir gesagt. Ende Dezember 2019, knapp zwei Monate später, erhielt ich die erste Fassung. Katastrophal! Die vorab versprochenen ersten Seiten habe ich nie erhalten. Außerdem hatte sie – und dies geschah auch ohne Absprache – das Buchprojekt ihrer Mitarbeiterin gegeben, die ich nicht mal kannte. Die gemeinsam erarbeiteten Inhalte aus dem Workshop waren im Buch gar nicht enthalten.

Jedoch waren die ersten Seiten des Buches eine Kopie dessen, was sie vor der Zusammenarbeit als „nicht lesbar und schlecht“ betitelt hatte. Ich war enttäuscht, am Boden zerstört und sehr wütend. Aufgrund meiner Gutgläubigkeit und ihrer rhetorischen Fähigkeiten hielten wir dennoch die Zusammenarbeit aufrecht. Trotz mehrmaligem Überarbeiten und mehrfachen Korrekturen konnten die Inhalte und meine Wünsche nicht erfüllt werden. Mit einem unfertigen Buch und 12.000 Euro weniger in der Tasche beendete ich schließlich die Zusammenarbeit.

Das Buchprojekt war für mich gefühlt gescheitert. Allerdings fasste ich neuen Mut, als ich einen Lektor fand, der mir unter die Arme griff, das Buch fertigzustellen. Mit vollstem Vertrauen und einer gewissen Naivität ging ich diesen Weg und ließ das Buch im Mai 2020 drucken. Ich war sehr stolz auf mich, auf die bisherige Reise, die ich mit diesem Buch bestritten hatte, und dachte, es wäre vorbei…

Die ersten Leser kamen auf mich zu und lobten den grandiosen Inhalt des Buches. Gleichzeitig erzählten sie mir von massiven Fehlern – fehlenden Wörtern, falscher Grammatik, Sinnfehlern und vielem mehr. Mittlerweile steckten in diesem Buch über 17.000 Euro und mir kamen die Tränen. Ich wusste nicht mehr weiter und konnte gefühlt niemandem mehr vertrauen. Innerlich brach ich zusammen und hatte eine fast schon bösartige Wut auf die Ghostwriterin, den Lektor, aber auch auf mich selbst. Vor allem auf mich selbst. Was sollte ich jetzt machen?

Im engsten Kreis bekam ich Unterstützung, fasste neuen Mut und tankte Kraft. „Du schreibst ein Buch über Energie, Kontrasterfahrungen, Entscheidung, Liebe und Vertrauen. Jetzt reiß dich zusammen und leb das auch! Schreib für alle Leserinnen und Leser dieses Buch fertig. Du schaffst das, Jonas!“, sagte meine Mutter zu mir. Viele Tage und weitere 200 Arbeitsstunden waren notwendig, dennoch schrieb ich diese neue Fassung, die du gerade in deinen Händen hältst. Diese beiden Versionen nebeneinander zu legen, war für mich sehr spannend und gleichzeitig erschreckend. Meine erlangte Erkenntnis: Ich schreibe in Zukunft alle Bücher selbst!

Teil 2: Der irdische Weg

Das Mensch-Sein

Wir sind gemeinsam durch das Kapitel des Energie-Weges gegangen und du hast viel über das Bewusstsein gelernt. Mit diesem Bewusstsein bist du bereits ein gutes Stück weiter als vorher. Wie geht es jetzt weiter? Welche Schritte wirst du jetzt gehen? Kein Wissen auf dieser Welt nützt uns etwas, wenn wir es nicht auch praktisch anwenden!

Um darauf die richtigen Antworten und gleichzeitig dafür die richtigen Wege zu finden, möchte ich dich in diesem Kapitel inspirieren und begleiten.

Das irdische ICH, beziehungsweise dein menschliches ICH, unterscheidet zwischen „Sein" und „Tun". Diese zwei Faktoren sind beide gleichermaßen wichtig und haben beide ihre Daseinsberechtigung. Bekannter ist im Sprachgebrauch statt Sein und Tun auch die Unterscheidung zwischen Bewusstsein und Ego. Es gibt zwischen beiden einen gravierenden Unterschied, den ich in diesem Kapitel erkläre.

Am Anfang des ersten Kapitels haben wir bereits geklärt, dass es das Bewusst-Sein, also ein tiefes Bewusstsein, und auf der anderen Seite das Tun, also das Denken und Handeln (Ego), gibt. Mit dem Bewusstsein, dem Sein, ist gemeint: Du bist. Ich bin.

Wir denken nicht nach, wir existieren einfach. Es geht mir bei diesem Begriff um die Wachheit, die Wahrnehmung, die Präsenz und die Aufmerksamkeit für das eigene Sein, das eigene Ich, und zwar mit dem Ziel, dass du auch in deinem Tun eine Bewusstheit bekommst. Schaffst du das, meisterst du deinen Alltag und dein Leben, weil du es geschafft hast, dein „Sein" und dein „Tun" zu verbinden. Somit tust du, ohne dass DU Opfer deines Egos bist. Genial!

Es gibt da ein anderes Bild, welches ich sehr gerne verwende, um die Verbindung zwischen „Sein“ und „Tun“ zu beschreiben. Es gibt eine Ego-Brille, die die meisten Menschen unbewusst auf ihr Bewusstsein setzen. Diese handeln unbewusst, nur auf sich fokussiert und sind meistens im Mangel. Es geht um Macht, Status, Vergleich, Eifersucht und Rechthaberei. Setzt du diese wieder ab, siehst du die Welt viel bewusster, klarer und schöner. Du fühlst auf einmal mit, du bewegst dich anders, du agierst anders und bist bei dem, was du tust, voller Hingabe und Liebe. Die Brille kontrolliert in gewisser Weise dein Bewusstsein, damit das Ego das bekommt, was es will. Mit der Ego-Brille handeln wir oft aus den verletzten Erinnerungen (gespeichert im limbischen System) heraus. Gleichzeitig kann das Ego auch Großes vollbringen und erschaffen, wenn WIR es kontrollieren und nicht das Ego uns. Nutze ab jetzt deine Ego-Brille nur noch bewusst.

Bringst du nun beide Energien (Bewusstsein und Ego) zusammen und lässt sie in Co-Kreation wirken, entsteht nämlich etwas Wunderbares. So wunderschön das Ergebnis auch ist, so herausfordernd ist der Weg.

Eine Möglichkeit, dich mit deinem Bewusstsein zu verbinden, ist die Meditation.

Wenn du schon einmal meditiert hast, kennst du das vielleicht: Du setzt dich hin, willst an nichts denken, doch die Gedanken schweifen umher. Dir fällt ein, dass du noch einkaufen musst, siehst den Staub in der Ecke vor dir, erinnerst dich an das Gespräch vom gleichen Tag mit deinem Freund. Krampfhaft versuchst du, an nichts zu denken, doch die Gedanken kommen immer wieder zurück. STOPP! Genau das meine ich. Ablenkungen führen dich weg von deinem inneren, tiefen Bewusstsein. Die gute Nachricht ist: Das zu vermeiden, kannst du trainieren. Es braucht etwas Übung und Routine, um bei sich zu bleiben und dich von ablenkenden Gedanken loszulösen. In der Zeit, in der ich dieses Buch geschrieben habe, fiel es mir beispielsweise sehr schwer, überhaupt zu meditieren und an „nichts“ zu denken.

Auf der einen Seite ist es eine große Herausforderung, aus dem Tun ins Bewusstsein zu kommen. Auf der anderen Seite ist das Bewusstsein für jeden einfach zugänglich. Vor allem aber ist es für die Menschen in den westlichen Ländern eine große Herausforderung, da die meisten mit dem Glaubenssatz „Tust du was, bist du was” aufwachsen.

Wir werden schon fast indoktriniert mit Sätzen wie: „Du musst besitzen, konsumieren, etwas leisten." Von diesem Ausgangspunkt aus ist es schwer, ins offene Bewusstsein zu kommen. Menschen in östlichen Ländern wachsen mehr im Bewusstsein für das Leben auf und haben es daher einfacher bewusst zu leben. Ich glaube, dass sie deshalb auch glücklicher sind. Tibet ist ein gutes Beispiel. Dort fällt es auch Kindern viel leichter, Körper, Geist und Seele in Einklang zu bringen.

Leider gibt es auch das andere Extrem: Viele Menschen kommen nämlich nicht ins Handeln. Sie haben sich zwar von den Ablenkungen getrennt, verschwinden aber in ihre Meditationskreise, Bücher und andere Dinge. Sie verwandeln sich in spirituelle Leblose, die immer tiefer in ihr „Ich" versinken, aber die Realität außer Acht lassen. Ohne Wurzeln. Sie tun nichts mehr.

Das „Tun" ist jedoch der andere wichtige Pol und macht den irdischen Menschen in seiner ganzen Kraft aus. Es ist ein ganz natürlicher Prozess, dass wir aus unserer Existenz heraus aktiv werden und ins Handeln kommen. Sonst könnten wir hier auf der Erde gar nicht überleben. In uns steckt ein ursprünglicher Teil, der nach Erfüllung und Glück sucht. Schon dieses Suchen ist ein Tun. Obwohl wir mittlerweile wissen, dass Fülle und die Glückseligkeit nicht in der Zukunft liegen, sondern in der Gegenwart.

In diesem Kapitel möchte ich dir mehr über das irdische Ich und das damit eng verbundene „Tun" erzählen. Wir Menschen leben auf diesem Planeten und haben alle eine menschliche Gestalt, eine menschliche Hülle, die unserer Seele gewisse Regeln auferlegt. Versteh mich bitte richtig, ich bin durchaus dafür, sich ein Leben nach eigenen Regeln zu erschaffen und sich nicht einschränken zu lassen. Doch es gibt auch Grundregeln, die für alle Menschen gleichermaßen gelten, wie zum Beispiel die universellen Gesetze.

Würden wir nämlich im Universum nur als formlose Energie leben und wären nicht an einen menschlichen Körper gebunden, wäre dieses Buch sinnlos. Aber wir leben hier und unser Planet Erde hat viele Bewohner. Deswegen gehören das Tun, das Handeln und unser Denken sowohl für uns persönlich als auch für die Gemeinschaft zu unserem Leben dazu. Es ist eklatant wichtig, diese Aspekte unseres Daseins immer wieder zu überprüfen und auch unsere Motivation für unser Handeln zu kennen. Kenne dein Motiv. Oft steckt hinter Aktionen weniger ein bewusstes Handeln als ein verschrecktes Ego, das uns durch Leid schickt, nur um seinen Willen zu erreichen.

Wenn du in deinem Leben gerade an einem Punkt bist, an dem du Leid verspürst, darfst du hinterfragen, ob dich jetzt gerade dein verschrecktes Ego dominiert oder du dich ganz bewusst dort selbst hineingebracht hast. Du wirst feststellen, dass meistens dein Ego am Werk war. Nimm das Bewusstsein als Tool hinzu. Sei wach, präsent und aufmerksam. Nimm Gefühle wie Trauer, Wut und Ärger als solche an.

Du kannst ihnen zum Beispiel sagen: „Liebe Wut, schön dass du da bist." Beobachte deinen Körper, deine Reaktionen und deine Gefühle genau. Bewerte sie nicht. Nimm eine Perspektive von außen ein, um dich nicht mit diesen Emotionen zu identifizieren.

Sag also nicht: „Es ist ein schlechter Tag, weil es regnet." Oder: „Mein Chef hat mich heute wieder schlecht behandelt und das macht mich wütend." Damit würdest du diese Situationen auf dich beziehen, sie personalisieren und an dich heranlassen. So entwickelst du negative Gefühle und Emotionen, die wiederum negative Gedanken aufwerfen.

Das lässt den Teufelskreis des Leidens nur stärker werden. Dein Ego liebt es, sich zu identifizieren. Doch genau das gilt es zu verhindern. Es ist gewiss nicht leicht, Emotionen neutral von außen zu betrachten. Dein Ego wird dir sogar versuchen einzureden, dass es irgendwie toll sei, sich auf Emotionen einzulassen, denn dann hättest du Ausreden, warum deine Laune so ist, wie sie ist. Dein Ego wird dich darin bestärken, dass es richtig ist, dass du dich so fühlst.

Das ist eine Stolperfalle. Dein Ego ist im Grunde wie ein schlechter Berater. Deswegen ist es so wichtig, deine Emotionen neutral zu beobachten, sie anzunehmen, aber nicht, wie in einem Swimmingpool, darin baden zu gehen oder wie in einem Sumpf festzustecken.

Das ist die Grundlage, damit du überhaupt ins Tun und ins Handeln kommen kannst. Das Ego ist nur hilfreich, wenn es um deine eigenen Vorteile im Leben geht oder um dein Überleben.

Vielleicht kommt bei dem einen oder anderen die Frage auf, warum uns das Ego schaden sollte. Das macht es nicht bewusst.
Hat das Ego gelernt – wenn es beispielsweise in eine Opferrolle schlüpft –, das zu bekommen, was es will, dann wird sich das Ego so oft wie möglich genau in diese Rolle begeben, um möglicherweise Aufmerksamkeit zu bekommen. Das Ego ist sehr clever.

Mein Thema ist die implodierende Wut (Eine nach innen gerichtete Wut). Was tue ich, wenn diese entsteht? Dann frage ich mich, woher diese Wut kommt und was der Grund dafür sein könnte. Das kann ganz viele unterschiedliche Ursachen haben.

Zum Beispiel kann es auf einem Erlebnis in meiner Kindheit basieren. Wenn ich wütend werde, nutze ich die Emotion Wut für mich im Positiven. Zum Beispiel durch intensiven Sport, bei dem ich durch die Wut mehr Kraft habe, oder aber ich lasse die Energie durch lautes Schreien aus meinem Körper heraus. Denn im Kern ist Wut nichts anderes als pure Lebensenergie, die nur darauf wartet, in die richtigen Bahnen gelenkt zu werden.

Authentizität

Für mich bedeutet Authentizität die Verbindung zwischen Innen und Außen. Das kannst du dir in etwa so vorstellen, wie die Verbindung von männlicher und weiblicher Energie, Bewusstsein und Ego oder Yin und Yang. Nur dann, wenn diese Verbindung von Innen und Außen im Einklang ist, sind wir authentisch in unserem Leben.

Stell dir bildlich einen kleinen inneren und einen großen äußeren Kreis vor. Der innere Kreis symbolisiert dein inneres Kind, deine Intuition und deine innere Stimme. Er ist dein Herz und sagt dir, was du WIRKLICH willst. Der äußere Kreis ist die tatsächliche Wahrnehmung von außen beziehungsweise dein Verhalten nach außen. Er beschreibt, wie du von deiner Umwelt wahrgenommen wirst. Sind beide Kreise bei dir verbunden?

Das, was du glaubst, deine persönlichen Überzeugungen, deine Wünsche und Träume sind dein innerer Kreis.
Ob du diese aber auch wirklich lebst, repräsentiert dein äußerer Kreis. Wenn zum Beispiel die Farbe blau in deinem Inneren präsent ist, sollte auch der äußere Kreis diese Farbe nach außen strahlen. Passiert das nicht, sprechen wir von einer nicht authentischen Person.

Es kann nur von innen nach außen und von außen nach innen Verbindungen geben. Brücken zwischen den zwei Kreisen führen dazu, dass Menschen sagen: „Dieser Mensch ist authentisch."

Und diese Aussage bezieht sich normalerweise auf einen spezifischen Bereich, denn du kannst in vielen verschiedenen Rollen authentisch sein oder eben auch nicht.

Ich möchte dir das an einem Beispiel erklären: Bietet man einem älteren Menschen einen Sitzplatz in der Straßenbahn an, da das für denjenigen eine wertschätzende Geste ist und man es aus tiefstem Herzen anbietet? Oder bietet man den Platz nur an, weil es anerzogen ist, es sich halt so gehört und man gefallen will?
Beides kann richtig sein, da es auf deine innere Überzeugung dahinter ankommt? Das Innere ist vielleicht davon überzeugt, dass man das macht, weil es sich einfach so gehört, während man nach außen so tut, als mache man es aus tiefster Wertschätzung dem älteren Menschen gegenüber und prahlt herum, wie toll man ist. Man sollte lieber dazu stehen, warum man es macht, und nicht nur so tun, als stünde man dahinter. Natürlich gibt es auch immer Mischformen in jeglichen Situationen. Mir geht es hier nur um das ehrlich „Dazu stehen", ohne zu bewerten, was richtig oder falsch ist.

Es kann sein, dass du in unterschiedlichen Lebensbereichen unterschiedliche Verbindungen zwischen deinem inneren und äußeren Kreis verspürst. Es kann sein, dass du als Rolle des Vaters authentisch sein kannst und als Rolle des Geschäftsführers nicht. Oder andersherum.

Es kommt immer darauf an, in welcher Situation, Rolle, Ort du dich befindest und was deine Erfahrungen in deinem Leben waren.

Also lebst du wirklich, was deine Intuition dir sagt? Was dein Herz dir sagt? Bist du der Mensch, der du sein willst, oder setzt du in manchen Situationen eine Maske auf, weil du glaubst, dich verstellen zu müssen, um angenommen, gehört, oder gesehen zu werden?

Sagst du offen und ehrlich, wenn dir etwas nicht passt?
Gibst du Lob, wenn du etwas gut findest?

Überprüfe, welche Brücken zwischen deinem inneren und äußeren Kreis bestehen. Wie viele und welche Brücken existieren? Wo willst du noch Brücken bauen? Authentizität führt zu Harmonie, Glückseligkeit und Fülle. Alles andere führt zu Konflikten.

Willst du in Zukunft authentischer leben?
Willst du dein Inneres zeigen?
Willst du bewusst leben – mit Energie und Elan – oder willst du dir weiterhin etwas vormachen oder gar dich selbst belügen?

Träume und Visionen: Wo willst du hin?

Sowohl in deinen Träumen, der Vision deines Lebensweges, als auch in deiner alltäglichen Realität ist es wichtig, dass du ein Ziel vor Augen hast. Eine Ausrichtung. Etwas, worauf du deine Energie fließen lassen möchtest. Das Ziel kann in diesem Zusammenhang auch einfach nur sein, jeden Moment, jeden Schritt auf deinem Weg genießen zu wollen. Es muss nicht zwingend ein Zustand sein, den du erreichen willst. Es ist völlig okay, einfach zu „Sein".

Du hast dir nun schon einige Male deinen Lebensweg ausgemalt. Lass uns jetzt gemeinsam gucken, wo du im Moment stehst. Ziele zu haben, ist wichtig, doch wo starten wir? Was ist die Ausgangssituation? Wo stehst du gerade in deinem Leben? Passt dein dir vorgestellter Lebensweg wirklich zu deiner aktuellen Lebenssituation? Stellst du dir vor, am Strand zu sein, und bist aber eigentlich jeden Tag im Büro? Oder stellst du dir vor, in Liebe zu sein, bist aber in Wirklichkeit jeden Tag in einer zerrütteten Familie? An dieser Stelle darfst du dich fragen, was du benötigst, um auf deinen Lebensweg zu kommen? Was ist nötig, damit aus dem Büro der Strand wird? Welche deiner Kenntnisse und Erfahrungen können dir dabei helfen? Was musst du noch neu lernen? Welche Menschen kennst du schon, die dir helfen können, und welche darfst du dir in dein Leben hineinziehen? Was kannst du heute aktiv tun, damit du deinem Ziel einen Schritt näher kommst?

Als Kind hast du dir vielleicht – genau wie ich – vorgestellt, du wärst ein Vogel und könntest überall dort hinfliegen, wo du lieber sein möchtest.

In meiner Schulzeit war es üblich, die Heranwachsenden nach ihren Wünschen, Träumen und Vorstellungen für die Zukunft zu fragen. Einige meiner Mitschüler wollten Polizist werden, andere Astronaut. Manche Mädchen träumten davon, Prinzessin zu werden, andere wollten Wissenschaftlerin sein.

Doch irgendwann war die Schulzeit zu Ende und viele Träume, Wünsche und Vorstellungen aus der Kindheit mussten weichen. Stattdessen rückten alltägliche Jobs in ihr Leben. Jeder lernt schnell, dass man Geld verdienen muss, um Miete und Steuern zahlen zu können. Bitte versteh mich richtig, klar brauchen wir Geld als eine Form von Energie, um uns Essen kaufen zu können, einen wohligen Ort zum Schlafen zu haben und um uns Wünsche erfüllen zu können. Doch das sollte uns später im Alltag niemals unsere Träume nehmen dürfen. Wir sind nicht auf der Welt, nur um Steuern und Miete zu bezahlen. Wir sind hier, damit wir unsere Träume LEBEN können. Lebe deine Träume. Folge deinem Herz. Auch wenn es für deinen Kopf keinen Sinn ergibt, das jetzt zu tun. Tu es trotzdem, wenn dein Herz es dir sagt.

Jetzt möchte ich darauf eingehen, dass unsere Träume und Visionen nicht vernachlässigt werden dürfen. Das ist für das Glück in unserem Leben so unglaublich wichtig. Stell dir vor, dass dort, wo die Energie hinfließt, etwas Neues entsteht.

Ich habe das Gesetz der Anziehung erklärt. Wenn deine Energie in deine Träume fließt, werden sich diese auch verwirklichen. Vor allem dann, wenn wir intensiv fantasieren, ohne zu überlegen, ob das realistisch ist oder nicht.

Wusstest du, dass unser Gehirn das Bild einer Vision, an die wir mit geschlossenen Augen ganz fest denken, nicht von der Realität unterscheiden kann? Das heißt, wenn du deine Augen schließt und bildhaft an einen perfekten Tag denkst, wie zum Beispiel am Strand zu liegen oder an einem deiner Lieblingsorte zu sein, dann schüttet dein Körper genau dieselben Glücksgefühle aus, als wenn du wirklich an deinem Lieblingsort wärst. Mit solchen Träumen und Fantasien bist du deinem Traum energetisch einen großen Schritt näher, als es viele andere sind. Und wie gesagt: Es muss natürlich nicht der Traum von deinem Lieblingsort sein. Du kannst jeden beliebigen Wunsch nehmen, der in deinem Herzen oder deinem Geist brennt.

Was treibt dich an?

Ich persönlich halte alle meine Träume und Visionen auf meinem Vision Board zu Hause fest. Es erfüllen sich regelmäßig die meisten Dinge, die auf meinem Vision Board abgebildet sind.

Was ist ein Vision Board? Wohl keine andere Technik hilft besser beim Erreichen von Zielen als die des Manifestierens (Visualisieren, sich das Bild in die Gegenwart holen und es fühlen). Wer seine Wünsche, Träume und Ziele ganz klar vor Augen hat und fühlt, wird stetig daran erinnert, behält das große Ganze im Auge und verzettelt sich nicht. Genau an dieser Stelle kommt das sogenannte Vision Board, auch „Zielcollage" oder „Traumcollage" genannt, ins Spiel.

Wie erstellst du nun dein ganz persönliches Vision Board? Zuerst sammelst du aus Zeitschriften oder aus dem Internet Bilder, Headlines und Zitate, die dich und dein Herz ganz persönlich ansprechen. Du ordnest sie auf einem großen farbigen Karton an und klebst sie auf. Die Collage verschmilzt zu einer einzigen, großen Vision, die du gerne täglich mehrmals anschaust und fühlst. Du willst zum Beispiel einen Partner finden, ein Business aufbauen oder dein Traumauto fahren? Vielleicht auch am besten alles zusammen. Integriere das alles in dein Vision Board.

Du wirst die Bilder jeden Tag sehen und dir vorstellen, wie glücklich du mit diesem neuen Partner bist, wie erfolgreich es in deinem Business vorangeht und wie du sportlich mit deinem Traumauto die Serpentinen in den Bergen oder die Straßen am Meer entlangfährst. Du siehst es.

Du fühlst es. Jeden Tag und so oft wie möglich. Der Trick besteht darin, sich vorzustellen, dass du bereits diese Dinge hast, die du haben möchtest, und bereits das bist, was du sein möchtest. Du gehst in das Gefühl rein, als seist du bereits dort. Somit verbindest du das „Sein" mit dem „Werden". Du manifestierst, anstatt nur zu visualisieren.

Ich verrate dir nun ein kleines Geheimnis: Im Grunde üben wir schon seit Beginn dieses Buches, also mehr als 100 Seiten lang, wie du dir ein Vision Board in deinem Geist gestalten kannst. Warum? Nun, damit du es dir wirklich bildhaft vorstellen kannst, erinnere ich dich immer wieder an das Bild deines Lebensweges, den du dir visualisierst. Manifestierst du dir bereits deinen Lebensweg? Hat das bereits etwas mit dir gemacht?

Dazu möchte ich dir die Geschichte von einem Freund erzählen. Eines Morgens kam er zu mir und war todunglücklich. Seine Freundin hatte sich von ihm getrennt, sein Chef hatte ihm gekündigt und er hatte das Gefühl, sein Leben breche gerade komplett auseinander. Er wusste weder ein noch aus. Da er mich um Rat fragte, setzten wir uns zusammen und gestalteten gemeinsam sein Vision Board. Er suchte Bilder seiner Traumfrau, seines Traumjobs, seines Traumautos und einer neuen Wohnung aus.

Er fügte diese zu einer tollen Collage zusammen und hängte sie an die Wand neben seinem Bett. Als er fertig war, ging es ihm wesentlich besser.

Dann haben wir uns fast ein Jahr nicht mehr gesehen. Neulich kam er bei einer Veranstaltung auf mich zu und umarmte mich – aus dem Nichts heraus – herzlich. Er bedankte sich bei mir und erzählte glücklich, er habe eine wunderbare Frau kennen gelernt, die der Frau auf seinem Vision Board unheimlich ähnlich sei.

Er habe sich darüber hinaus sein Traumauto gekauft und schon vor Monaten den Vertrag für einen unglaublich guten Job unterschrieben. Und, um dem Ganzen die Krone aufzusetzen: Obendrein hatte er am Vortag den Mietvertrag für eine Wohnung unterschrieben, die genau dem entspricht, was er sich gewünscht hatte.

Ich kenne einige solcher bewegenden Geschichten von Menschen, denen es ähnlich ergangen ist. Vision Boards haben eine magische Wirkung. Wenn du sie für dich nutzen willst, erstell dein eigenes Vision Board. Nimm dazu einige Magazine zur Hand oder druck dir Bilder aus, die dich ansprechen, und füg all deine Wünsche, Träume, Ziele und Visionen zu einer großartigen Collage zusammen. Lass sie zu einem Bild werden, das dich täglich inspiriert und das Gesetz der Anziehung in deinem Leben aktiviert.

Oft haben wir Ideen von unseren Wünschen, haben aber kein klares Bild im Kopf und wissen gar nicht konkret, wie sie in die Tat umgesetzt werden sollen. Dieses Tool wird dir dabei helfen, klarer zu werden. Denn wenn du kein Bild davon hast, wie soll das Unterbewusstsein wissen, was du genau willst? Du musst nicht wissen, WIE es funktioniert, nur darauf vertrauen, DASS es funktioniert.

Folge deiner Fantasie bei der Erstellung deines Vision Boards. Unser Gehirn denkt und arbeitet mit Bildern. Deswegen ist es bei der Bilderauswahl wichtig, dass du bei deinen Zielen, Wünschen und Vorstellungen konkret wirst.

Ein Beispiel: Wenn dein Traumreiseziel Thailand oder Bali ist, dann würde ich an deiner Stelle nicht irgendein beliebiges Strandbild nehmen, sondern mir im Reiseführer Bilder von GENAU dem Ort, dem Strand oder der Bar raussuchen, wo du hinwillst.

Neben dem Vision Board gibt es noch andere Techniken, mit denen du deine Visionen und Träume festhalten kannst. Für mich funktioniert diese Technik sehr gut. Außerdem nutze ich zusätzlich noch ein Dankbarkeitsjournal, das nur dazu da ist, mein Vision Board zu verstärken. So kommt es oft vor, dass ich von den Zielen auf meinem Vision Board träume oder davon Visionen habe. Wie gesagt, das funktioniert für mich prima. Wenn du ein anderes Tool für dich gefunden hast, von dem du weißt, dass es dir gut hilft, nimm das.

Der Grund, dass bei mir alles so gut zusammenwirkt, ist, dass ich mein „Wozu" kenne. Hast du dir schon einmal überlegt, was dein „Wozu" ist? Ich kenne zum Beispiel einige Männer, die auf die Frage „Wozu gehst du arbeiten?" antworten, dass sie ihre Familie ernähren wollen. Okay, das verstehe ich. Aber was heißt das konkret? Ist das wirklich der wahre tiefliegende Grund? Heißt das, du würdest aufhören, zu arbeiten, wenn dich deine Familie verlässt? Nein, oder? Also wozu arbeitest du wirklich? „Die Familie ernähren" sehe ich eher als einen positiven Nebeneffekt an. Was ist dein „Wozu"?

Ich spreche übrigens ganz bewusst vom „Wozu" und nicht vom „Warum". Die meisten kennen und nutzen nur das „Warum". Relativ am Anfang des Buches erzählte ich bereits, dass das „Warum" vergangenheitsbezogen und das „Wozu" im Gegensatz zum „Warum" zukunftsorientiert ist.

Sicherheit, Liebe, Geld, Freiheit, Anerkennung oder auch Selbstverwirklichung sind oft starke „Wozu"-Antworten. Vielleicht ist dein „Wozu" aber auch eine Mischung aus mehreren oder sogar allen Komponenten. Bei mir ist es eine Mischung aus Liebe zur Erde und Anerkennung für mein Sein. Auch die Freiheit spielt bei mir eine gewisse Rolle. Überprüf gerne an dieser Stelle deine aktuellen „Wozu"-Antworten. Dein „Wozu" ist dein Antrieb! Es wird in Zukunft der Grund dafür sein, warum du aus deiner Komfortzone heraustrittst, handelst und deine genau definierten Ziele verfolgst.

Deswegen solltest du dein „Wozu“ auch nicht unüberlegt festlegen, sondern angemessen lange darüber nachdenken, was und welche Werte dir wichtig sind. Für was schlägt dein Herz im Moment am meisten? Sei ehrlich zu dir selbst. Lieber hast du ein komplett egoistisches „Wozu“ als ein „Wozu“, das nur den Anschein wahrt.

Dein „Wozu“ darf dich aus tiefstem Herzen erfüllen. Es sollte dir ein wohlig warmes Gefühl geben, wenn du dir vorstellst, dass es Teil deines Lebens ist. Wenn es das nicht mit dir macht, dann ist es nicht dein wahres „Wozu“. Es gibt zum Beispiel Menschen, die sagen: „Ich muss zur Arbeit gehen, weil ich Geld zum Leben brauche.”

Dann gibt es Menschen, die sagen „Ich möchte zur Arbeit gehen, weil ich mit meiner Arbeit einen wertvollen Beitrag leiste und es mir dabei gut geht.” Diese Menschen haben meist Freude an ihrer Arbeit und entscheiden sich bewusst für ihr „Tun“. Denn eine Arbeitsstelle kann man sich ja selbst aussuchen.

Wenn man zu denen gehört, die ihren Job nicht lieben, gibt es für diese Menschen sicher tausendundeine Ausrede, warum man gerade in diesem Job steckt und es nicht ändern kann.

Immer wenn du glaubst, etwas tun zu „müssen”, musst du es meistens nicht. Hast du das, was du gerade machst, bewusst gewählt?

Ich weiß, dass viele Menschen in unserer Gesellschaft in einem Hamsterrad stecken. Deine einzige Aufgabe ist es, dein „Wozu“, deine Prinzipien und Werte herauszukristallisieren.

Wenn beispielsweise Selbstverwirklichung dein „Wozu“ ist, dann find heraus, was dich glücklich machen würde. Denk daran: Es ist egal, was andere denken und welche Konventionen dir beigebracht wurden. Es geht einzig und allein um dich! Es geht darum, dass du deine Wirklichkeit selbst lebst.

Ein weiteres „Wozu“, was ich dir als Sinnbild mitgeben möchte, ist Freiheit. Bei Freiheit geht es darum, möglichst wenig zu besitzen und ungebunden zu sein, sodass du dich überall frei bewegen und arbeiten kannst. Der klassische, sogenannte „Digitale Nomade” ist ein gutes Beispiel hierfür. Digitale Nomaden können von überall aus arbeiten. Sie üben Tätigkeiten aus, die sie vom Laptop oder Smartphone aus erledigen können. Viele Online-Marketer leben zum Beispiel nach diesem Prinzip, aber auch Texter oder selbstständige Telesales-Arbeiter. Es gibt eine ganze Reihe von Berufen, bei denen es heute sogar möglich ist, fest angestellt und gleichzeitig ein digitaler Nomade zu sein. Du kannst frei wählen, von wo du arbeiten willst. Was du arbeiten willst. Für wen du arbeiten willst. All das sind Aspekte der Freiheit.
Gleichzeitig ist dieser aber auch von Strom und vom Internet abhängig. Somit birgt in jeder Freiheit auch eine gewisse Verbundenheit und deshalb ist Freiheit immer nur subjektiv und individuell zu betrachten.

Das „Wozu", welches für Unabhängigkeit steht, wird oft mit Freiheit verwechselt. Natürlich besteht eine Verbindung zwischen diesen beiden „Wozus". Jemand, der unabhängig ist, muss nicht zwingend frei sein (Zum Beispiel unabhängig von den Eltern). Andersherum kann es aber auch sein, dass jemand, der finanziell frei ist – also nicht mehr aktiv für seine Einkommensströme arbeiten muss –, sich trotzdem durch Besitztümer, Verträge und Verbindlichkeiten abhängig gemacht hat. Somit führt in diesem Beispiel die Abhängigkeit zu seiner persönlich gewünschten Freiheit.

Letztlich muss das jeder nach seinem Bauchgefühl entscheiden. Beispielsweise kann man die Welt bereisen und dafür in Kauf nehmen, jeden Tag ein Stück seiner Zeit für die Arbeit zu investieren. Eine andere Möglichkeit besteht darin, ein Jahr lang richtig viel zu verdienen und dann ein Jahr auf Reisen zu gehen, ohne zu arbeiten.

Die Anerkennung ist auch ein beliebter Antrieb. Manche Menschen arbeiten sehr hart dafür, Lob und Anerkennung von anderen zu bekommen. Gerade in Zeiten von Social Media ist der Wunsch nach Anerkennung, Likes, Kommentaren und Nachrichten unendlich groß. Das treibt große Influencer oft an, auch dann weiterzumachen, wenn es mal einen Shitstorm gibt.

Jetzt habe ich dir einiges über das „Wozu" und dessen Antreiber erzählt. Welcher Typ bist du? Aus meiner Erfahrung und auch aus meinem Herzen heraus möchte ich dir die Empfehlung geben, dein tiefes „Wozu" zu ergründen.

Dabei geht es nicht nur um deine Zukunft. Es geht auch um das Hier und Jetzt.
Was kannst du heute, jetzt in dieser Minute tun, um dein „Wozu“ zu leben?

Schreibe deine zehn Top-Werte, für die du einstehst, auf. Das hilft dir dein Wozu zu finden. Werte sind zum Beispiel Ehrlichkeit oder Zuverlässigkeit.

Diese „Wozu“s verändern sich bei dir vielleicht auch mit der Zeit. Früher waren es bei mir Anerkennung und Selbstverwirklichung, danach waren Freiheit und Unabhängigkeit meine inneren Antreiber. Jetzt, wie vorhin geschrieben, sind es Liebe, Anerkennung und Freiheit.

Der Erde, der Natur, den Tieren und den Menschen zu dienen, wurde mir immer wichtiger. Deshalb kam bei mir die Liebe mit dazu und ich stellte mir die Fragen:

Auf was für einer Erde will ich leben?
Wie soll diese aussehen?

„Zeit-" und Selbstmanagement

Wir sind auf dem Lebensweg. Wir treffen Menschen. Wir befinden uns in verschiedensten Situationen. Dann verändert sich unser Weg vielleicht etwas. Menschen kommen oder gehen. Die Umwelt verändert sich. Situationen ändern sich. Auf deinem Lebensweg wirst du immer mehr im Einklang mit dem Ruf deines Herzens sein. Auf dem Lebensweg wirst du Zeit womöglich anders wahrnehmen, als du es gewohnt bist. Vielleicht wirst du Momente viel intensiver auskosten oder Zeitausdehnung erfahren. Auf dem Lebensweg hängt keine Uhr, die tickt und die dir Termine vorgibt. Du lebst im Moment. Du bist bewusst und nutzt Energien für dich. Du kannst nicht zu früh oder zu spät sein. Du bist immer in jedem Moment richtig und am perfekten Ort. Es gibt keinen besseren Ort und Zeitpunkt für dich als die Stelle auf deinem Lebensweg, an der du dich gerade in genau diesem Augenblick befindest. Im Hier und Jetzt. Die Szenerie wird sich womöglich in bestimmten Phasen verändern, aber die Frage ist: Wie nutzt du das Wissen, dass Zeit nicht mehr eine große Rolle spielt? Welche Entscheidungen triffst du mit diesem Wissen?

Wie und wo reagierst du auf Reize? Wann bleibst du stehen und nimmst dir die Zeit, eine Unterhaltung zu führen? Dir das Umfeld genauer anzuschauen? Wie lange verweilst du in einer Situation? Wie kannst du deiner Zeit eine andere, eine höhere oder eine bewusstere Qualität geben? Was ist für dich wichtig, was unwichtig? Wann hältst du inne und wann gehst du weiter?

Wie verhalten wir uns denn meistens, wenn es um unsere Zeit geht? Alle fünf Minuten nehmen wir das Handy in die Hand und gucken, ob Nachrichten da sind. Wir verbringen Zeit mit Menschen, die uns Energie rauben.
Wir tun Dinge, die weder Spaß machen noch uns voranbringen. Darüber möchte ich mit dir in diesem Moment einmal ganz bewusst reden. Gestalte dir zuallererst ein Zeittagebuch, in dem du jede Minute nach deinem Aufstehen bis zum Schlafengehen notierst. Es reicht, wenn du es einmal pro Quartal machst, da es nur um Bewusstmachung geht. Genau wie beim Kalorienzählen, zählst du jetzt einmal deine genutzte Zeit. Wir finden gemeinsam heraus, warum die meisten Menschen „zu wenig" Zeit auf ihrem Konto haben.
Unser Planet ist mit einer schier unglaublichen Vielfalt und Fülle an Ressourcen ausgestattet, durch die alle Lebewesen, Menschen wie Tiere, überhaupt erst existieren können. Sei es der Sauerstoff, der durch die Pflanzen in die Luft abgegeben wird und allen atmenden Lebewesen das Leben ermöglicht. Seien es die fruchtbaren Böden, auf denen die Lebensgrundlage von derzeit sieben Milliarden Menschen angepflanzt wird, oder sei es das Trinkwasser, das durch die Wasserkreisläufe erst vom Salz des Meeres gereinigt wird, um für uns trinkbar zu werden. Das sind nur drei von Millionen Ressourcen, von denen jede einzelne uns zum Staunen bringen kann.

Die wichtigste aller Ressourcen auf diesem Planeten ist allerdings weniger greifbar und für jeden Menschen begrenzt: Zeit. Doch was ist Zeit?

Zeit gibt es universell betrachtet nicht. Meine Interpretation von Zeit ist der Moment, den du nutzt und erlebst. Davor und danach, Vergangenheit und Zukunft, existieren in meiner Welt nicht. Für mich ist die Vergangenheit ein Schatz, aus dem ich schöpfe, und die Zukunft ist ein Konstrukt, das ich bauen will. Zeit hingegen ist nur der eine Moment. Genau dieser Moment, in dem ich diese Zeilen tippe. Das ist Zeit.
Manche sagen: Zeit ist Geld. Stimmt das? Geld ist Energie. Wenn du mit einem 100-Euro-Schein eine Dienstleistung oder ein Produkt bezahlst, dann tauschst du eine Energie in eine andere Energie um. Die Energie, die du aufgebracht hast, um den 100-Euro-Schein in den Händen zu halten, gegen die Energie, die nötig war, um die Dienstleistung oder das Produkt, das du haben willst, zu kaufen.

Dieses Prinzip funktioniert nur, weil sich viele Menschen darauf geeinigt haben, dass ein Blatt Papier, das bunt bedruckt ist, einen gewissen Wert hat, also als Symbol für eine bestimmte Menge an Energie steht. Dieser Energieaustausch funktioniert nur so lange, wie die Menschen, die damit handeln, an den Wert eben dieses Papierstückes glauben. Für uns ist es wichtig, zu wissen, dass es um die dahinterstehende Energie geht und nicht um die Banknote.

Das Interessante ist, dass es sein kann, dass zwei Menschen einen ganz unterschiedlichen Wert an Energie aufwenden, um einen 100-Euro-Energie-Schein in der Hand zu halten.

Das hängt von einigen Faktoren, wie zum Beispiel von der Effektivität, Effizienz, der Begabung, Schwingungsfrequenz oder der Kompetenz eines Menschen, ab.

Darum ist dieser Abschnitt über „Zeit-"Management so wichtig. Mit exzellentem Zeitmanagement – oder besser gesagt Selbstmanagement – kannst du die Menge an Zeit, die du mit bewusstem Leben füllst, massiv erhöhen. Und deswegen setze ich hier, bei der Abschnittüberschrift und im Text, das Wort „Zeit" bewusst in Anführungszeichen. Die Zeit an sich lässt sich nicht managen, sondern nur die Qualität, die wir ihr beimessen und die Quantität wie lange wir etwas tun.
Geld hingegen ist genug da! Ich möchte schon fast sagen, es liegt auf der Straße. Geld wird auch nach deiner Lebenszeit existieren. Geld ist im Überfluss vorhanden. Geld ist Fülle. Nur deine Lebenszeit ist endlich. Geld kannst du dir holen, Zeit kannst du dir nur nehmen. Wenn du Geld willst, dann verdiene es dir! Doch du musst entscheiden, wie du deine Zeit verwendest. Die Existenz von Geld hängt immer davon ab, ob Menschen an die Funktionalität und den Wert des Geldes glauben. Bei Lebenszeit ist das etwas anders. Ich kann aktiv beeinflussen, ob die Chancen auf ein langes Leben, also darauf, mehr Zeit zu haben, gut stehen. Doch Lebenszeit zu kaufen, ist nicht möglich. Ich kann vielleicht den besten Mediziner auf der Welt beauftragen, über meine Gesundheit zu wachen. Aber es gibt immer Faktoren, die selbst der beste Mediziner nicht beeinflussen kann.

Unsterblichkeit ist nach dem jetzigen Stand der Technik unmöglich. Sie wäre womöglich auch bei genauerer Überlegung nicht unbedingt erstrebenswert. Denn welchen Sinn würde ein Leben ergeben, in dem du ewig Zeit hättest? Zeit, ewig deinen Schulabschluss zu machen, für die Suche nach deinem Herzens-Business oder um einfach gar nichts zu tun? Wie schwer wäre es, Wert und Sinn in etwas zu finden, was unendlich existiert? Kannst du dir vorstellen, wie groß das Risiko wäre, Dinge vor dir herzuschieben und in der „Mache-ich-morgen"-Mentalität zu verharren? Ich denke, dass das Leben erst durch unsere Sterblichkeit seinen Reiz erhält und uns dazu zwingt, Prioritäten und Ziele zu setzen sowie das Beste aus unserer Zeit und unserer Energie herauszuholen.

Wie viel Zeit haben wir denn zur Verfügung? Im Durchschnitt bleiben einem Menschen ca. 29000 Tage auf diesem Planeten.
Das ist nicht viel, oder? Wie nutzt du sie? „Verschwendest" du deine Zeit? Nutzt du sie sinnvoll mit – in deinen Augen – erlebnisreiche und Freude bringende Unternehmungen, indem du anderen Menschen hilfst oder beides? Lebst du wirklich deine Werte und deine Vision? Wie schätzt du die Qualität deiner Zeit ein?

Es geht dabei nicht darum, was du denkst, wie andere Menschen die Qualität deiner Zeit einschätzen würden. Du musst jetzt nicht daran denken, wie möglicherweise dein Unternehmer-Vorbild deine Zeit bewerten würde.

Es geht nicht darum, ob du in den Augen eines anderen deine Zeit verschwendest, indem du morgens ausschläfst. Es geht wirklich nur um deine eigene, ganz persönliche Einschätzung.

Wenn du selbstständig geworden bist, um ausschlafen zu können, und dafür andere Tageszeiten als für dich effizientere Zeiten erkannt hast, dann ist das absolut okay. Dann darfst du dich damit gut fühlen. Dafür arbeitest du und dafür nimmst du Risiken auf dich, die andere – zum Beispiel Angestellte – nicht auf sich nehmen. Es geht allein um deine Wahrnehmung, um deine Werte, die du festlegst. Du entscheidest, wie dein Leben aussehen soll, du entscheidest, was für dich qualitativ hochwertige Zeit ist. Fühlt sich das gut an, ist es für dich richtig.

Mit der Art und Weise, wie du lebst, kannst du die gefühlte Qualität deiner Zeit aktiv beeinflussen. Aber auch die Quantität deiner Zeit, also die Menge an Zeit, die du hast, um das Leben auf diesem grandiosen Planeten zu erleben, kannst du beeinflussen: Mit gesunder Ernährung, bewusster Lebensweise, nie endender Weiterentwicklung und guten Taten bleibst du jung – im Geist und auch im Körper.
In Zahlen gerechnet kannst du deine Lebensspanne durch eine bewusste Lebensführung eventuell um mehrere Jahre verlängern. Manche sagen auch, du kannst gar nicht länger leben, sondern hast eine vordefinierte Lebensspanne.

„Jeder möchte lange leben, aber keiner will alt werden.“

Jonathan Swift

Wichtig ist doch, dass wir auf unserem Lebensweg unsere Zeit, zu der schönsten Zeit überhaupt machen. Das „WIE“ du lebst ist entscheidend. Sei bewusst, lebe gesund, mache was du willst (In Liebe) und habe ein „Wozu“.

Du siehst, das Bewusstsein bildet den Rahmen für die Erhöhung der Qualität. Du wirst alles ganz anders erleben, wenn du Sinneswahrnehmungen, Erlebnisse, Eindrücke und Geräusche als solche auch intensiver aufnimmst und nicht alles wie eine große, undefinierbare Masse an Impulsen betrachtest. Alles bekommt einen Wert, wenn du zulässt, dass jeder deiner Sinne sich wieder schärft.

Jeder Mensch, der dir begegnet, jeder Leckerbissen, den du zu dir nimmst, jeder Schluck Wasser, den du trinkst, die Natur um dich herum, das Eichhörnchen, das draußen im Wald Nüsse sammelt: Dein ganzes Leben wird einzigartig und wertvoll. Alles ist dann plötzlich anders und bekommt eine gewisse Schönheit, auch Dinge, die du vielleicht gar nicht magst – zum Beispiel bügeln.

Ich bügle nun wirklich gar nicht gerne, aber wenn ich etwas bewusst mache, dann bekommt es für mich einen anderen Wert. Wenn ich also weiß, ich werde dieses gebügelte Hemd zu meinem nächsten Event anziehen, auf dem ich hunderten Menschen zu einem erfüllten Leben verhelfen darf, dann wird mir das Bügeln dieses Hemdes auf einmal Freude bereiten und die Zeit, die ich für das Bügeln aufwende, gewinnt an Qualität.

Egal, was du in deinem Leben machst – mach es bewusst, damit deine Zeit an Qualität gewinnt. Wie kannst du das messbar machen?

Nun, jeder von uns hat ein bestimmtes Bild oder eine bestimmte Vorstellung davon, wie er oder sie leben will. Das ist bei jedem unterschiedlich. Die einen erleben Unternehmertum als ihre Erfüllung, einige wollen die Welt bereisen und andere fühlen, dass sie mit einer kleinen Familie und einem Grundstück auf dem Land ihre Glückseligkeit erreichen.

Hast du diesen Traum bereits erreicht beziehungsweise bist auf einem guten Weg? Die meisten Menschen leben nicht das Leben, das sie sich erträumt haben. Es bleibt ein lang gehegter Traum, der durch fehlende Entscheidungen (Keine Entscheidung = Status quo akzeptieren) nicht manifestiert wird. Diese Menschen bevorzugen es, in der persönlichen Komfortzone zu bleiben, sich weder das benötigte Wissen, noch den erforderlichen Mut anzueignen oder ihr vorhandenes Wissen nicht in die Tat umzusetzen.

Lass uns das ändern! Ab heute! Ich gebe dir Tipps, wie du ins Handeln kommst. Ich möchte dir zeigen, wie ich es geschafft habe, mir ein Leben aufzubauen, wie ich es mir immer in meinen Visionen ausgemalt habe. Dazu gebe ich dir einige meiner Strategien mit auf den Weg, die dir helfen sollen, deinen eigenen Lebensweg klar vor dir zu erkennen, sodass dir die entsprechend nötigen Schritte mit größerer Leichtigkeit von der Hand gehen. Ich möchte dir im Folgenden Techniken mitgeben, durch die es dir gelingen wird, dein Selbstmanagement auf der Makroebene und der Mikroebene in den Griff zu bekommen.

Das Pareto-Prinzip

Das Pareto-Prinzip von Vilfredo Pareto besagt, dass aus 20 % deiner Zeit 80 % deiner Ergebnisse resultieren. Oder auch anders: 20 % der Arbeit sollten 80 % deiner Einnahmen bringen. Bei den meisten Menschen ist es eher umgekehrt. Doch mit ein bisschen weniger Perfektionismus ist es eigentlich relativ einfach, dieses Prinzip in der eigenen Produktivität auch umzusetzen.

Durch das Pareto-Prinzip kannst du mit weniger Arbeit mehr erreichen, somit wertvolle Zeit sparen und diese anders einsetzen. Dasselbe gilt übrigens auch für alle anderen Lebensbereiche. Zum Beispiel kann ein passendes individuelles Geschenk für deinen Partner nur 20 % deiner Energie kosten und gleichzeitig einen zu 80 % freudvolle Energie bei deinem Partner erzeugen.

Übung: Überleg dir, in welchen Bereichen du nicht nach Pareto agierst und wie du sie nach diesem Prinzip verändern kannst.

In welcher Situation verschwendest du deine Energie und hättest das gleiche Ergebnis genauso erreicht, wenn du weniger Energie investiert hättest? Zum Beispiel willst du verreisen und suchst ewig im Internet nach den günstigsten Flügen, nur um ein bisschen Geld zu sparen. Gleichzeitig hast du vielleicht viermal so viel Zeit dafür investierst, als wenn du gleich ins Reisebüro gegangen wärst. Es kommt natürlich darauf an, ob Zeit oder Geld deine Priorität ist.

Das Eisenhower-Prinzip

Nach dem Eisenhower-Prinzip teilst du deine Aufgaben in vier Bereiche:

- dringliche, wichtige Aufgaben
- dringliche, nicht wichtige Aufgaben
- wichtige, nicht dringliche Aufgaben
- unwichtige, nicht dringliche Aufgaben

Wenn du alle Aufgaben in deinem Leben so einteilst, bekommst du einen glasklaren Überblick über deine Prioritäten und kannst abschätzen, wofür du wie viel Energie investieren musst.

Du wirst ganz schnell feststellen, dass es viele Aufgaben gibt, die du in den Mülleimer werfen kannst. Sie sind es nicht wert, deine Zeit damit zu verschwenden – es sei denn, es ist dir aus anderen Gründen ein echtes Bedürfnis, sie zu erledigen. Übung: Ordne jetzt alle deine Aufgaben in diese vier Bereiche ein.

Das EAD-Prinzip

Das EAD-Prinzip besteht aus drei Teilen: Eliminieren, Automatisieren und Delegieren. Das heißt, du kannst alles *eliminieren*, was dir nichts bringt, Prozesse *automatisieren*, die immer wieder gleich ablaufen, und Aufgaben *delegieren*, die dir keinen Spaß machen. Mir macht zum Beispiel Buchhaltung keinen Spaß. Einen Buchhaltungsservice kannst du dir bereits für 10,00 Euro pro Stunde buchen. Wichtig beim Delegieren ist nur, dass du mehr verdienen solltest als dich der Service kostet. Übung: Geh alle Gegenstände, deine gesamte Telefonliste und alles, was dir noch einfällt einmal sorgfältig durch. Eliminier alles, was dir nicht dienlich ist, dich aufhält und sowieso nicht mehr zu dir passt oder sich nicht mehr gut anfühlt. Das Automatisieren ist vor allem in Unternehmen spannend. Zum Beispiel lassen sich E-Mail Prozesse sehr gut automatisieren. Delegier, was dir keinen Spaß macht. Denk dran, dass andere Menschen genau diese Aufgaben lieben werden und du so Arbeitsplätze schaffst.

Die ABC-Methode

Die ABC-Methode teilt Aufgaben in drei Bereiche:

A) Dies sind Aufgaben, die nur von dir selbst erledigt werden können. Sie sind nicht delegierbar, sehr wichtig und liefern den höchsten Wert. Diese Aufgaben haben natürlich die höchste Priorität.

B) Diese Aufgaben sind durchschnittlich wichtig und sind teilweise delegierbar an andere Arbeitskräfte. Zum Beispiel kann eine Hilfskraft in deinem Haushalt sinnvoll sein.
C) Dies sind Aufgaben mit dem geringsten Wert. Sie nehmen aber den größten Anteil deiner Zeit ein, zum Beispiel sind das bei mir Papierkram, Buchhaltung oder E-Mails. Viele von ihnen können entweder delegiert, automatisiert, oder sogar eliminiert werden.
Mit einer oder mehreren der präsentierten Techniken kann Selbstmanagement richtig Spaß machen. Mir persönlich macht es immer wieder eine enorme Freude, mich selbst zu fragen: Wie kann ich in meinem Leben Zeit gewinnen und diese für etwas anderes nutzen? Wie ist es bei dir? Hast du dir schon einmal die Frage gestellt, wie du anderen Menschen Arbeit geben kannst, welche Aufgaben du abgeben kannst? Was kannst du sinnvoll delegieren? Ich finde, es kann sehr bereichernd sein, anderen Menschen Arbeit zu geben, weil sie besondere Fähigkeiten / Fertigkeiten haben und ihnen diese Arbeit Freude macht. Meist sind das Aufgaben, die einem persönlich gar keinen Spaß machen. Also eine echte Win-Win-Situation für jeden.

Ich möchte dir noch einen Tipp geben: Arbeite mit deiner persönlichen Leistungskurve und gestalte so deinen Tag. Jeder Mensch hat eine unterschiedliche Leistungskurve. Manche sind morgens am produktivsten, andere eher abends. Diese Kurve kannst du sogar monatlich oder wöchentlich beobachten. Bei der monatlichen Einteilung richtet sich die Leistung meistens nach den Mondphasen. Wenn du deine schwachen Phasen kennst, kannst du beispielsweise bewusst Wellness machen, während du in deinen leistungsstarken Phasen große und neue Projekte angehen solltest.

Ich persönlich stelle mir meinen individuellen Zeitplan in Anlehnung an meine Leistungskurve zusammen und nutze meine Zeit so optimal wie möglich.

Dabei arbeite ich oft nach Thementagen: Es gibt Termin-Tage, Deep-Work-Tage, Performance-Tage und Flex-Tage:

Termin-Tage: Auf diese Tage lege ich mir alle anstehenden Termine.

Deep-Work-Tage: Hier wird alles andere ausgeschaltet und ich fokussiere mich auf das Abarbeiten oder die Kreation (zum Beispiel das Schreiben eines Buches).

Performance-Tage oder auch „Me"-Tage: Hier passiert alles, was mich regeneriert und meine Performance wieder steigert (zum Beispiel Massagen oder Wellness-Tage).

Flex-Tage: Das sind Puffertage für Freunde, Familie, Ausflüge usw.

Wie du dir diese Tage einteilst, hängt von deiner Lebenssituation ab. Ich habe zwei Deep-Work-Tage und zwei Termin-Tage. Dann habe ich einen Performance-Tag und zwei Puffertage. So funktioniert das für mich am besten. Für dich kann es eine ganz andere Zusammenstellung sein. Probier es einfach mal aus.

Am Ende dieses Abschnitts möchte ich trotzdem noch einmal betonen: Es gibt keine Zeit! „Was redest du, Jonas? Gerade eben habe ich dich nur über Zeit sprechen gehört!", denkst du dir jetzt vielleicht.

Ja, die menschlich erfundene Zeit, an die wir uns alle halten und nach der wir leben. Zeit ist aber relativ. Das siehst du schon daran, wie wir eine Ameise wahrnehmen (schnell und agil), während sie unsere Bewegungen hingegen in Zeitlupe sieht (alles verlangsamt). Das menschliche Leben ist, universell betrachtet, ein Wimpernschlag. Macht diese Aussage das gerade eben Genannte dadurch weniger wertvoll? Nein, natürlich nicht. Mit dieser Aussage will ich dir etwas Druck rausnehmen.

Das Reflektieren

Die Grundlage für das Reflektieren ist auch das Bewusstsein. Viele Menschen leben leider heute immer noch sehr unbewusst in den Tag hinein. Sie lassen sich von ihrer Umgebung vorschreiben, wie sie zu leben haben. Ich weiß, du gehörst nicht dazu, denn aufgrund der Tatsache, dass du dieses Buch liest, nehme ich stark an, dass du erfahrener in der Persönlichkeitsentwicklung als die meisten bist. Und das ist großartig! Allein dazu kann man dir schon gratulieren! Denn bewusst zu leben, ist ein so schönes Geschenk, dass wir annehmen dürfen.

Sollte regelmäßiges Reflektieren noch nicht zu deinen Routinen gehören, rate ich dir, einen festen Rhythmus in deinen Alltag einzuplanen, um regelmäßig zu überprüfen, ob dein Leben, so wie du es gerade lebst, deinen Vorstellungen entspricht. Reflexion ist das beste Tool, das ich kenne, um sich zu dem zu entwickeln, wer, was oder wie man wirklich sein will.

Um Routine zu entwickeln, ist ein hervorragender Tipp, dir eine Erinnerung in deinem Smartphone oder in deinem Kalender einzutragen. Am Anfang kannst du beispielsweise alle drei Stunden für 15 bis 20 Sekunden reflektieren, indem du dir die Frage stellst: „Bringt mich das, was ich in den letzten drei Stunden gemacht habe, meinem Ziel und meiner Vision näher? Lebe ich so, wie ich wirklich leben will?" Dabei darfst und solltest du absolut ehrlich zu dir selbst sein.

Hast du wieder fünfmal in den Kühlschrank geschaut und genascht? Wie oft hast du zwischendurch Social Media gecheckt? Keine Sorge! Niemand ist perfekt! Du musst auch nicht perfekt sein! Es geht darum, dass dir bewusst wird, für was du deine Zeit aufwendest. Es geht darum, zu verstehen, warum du womöglich noch nicht das Leben lebst, das du leben willst, und was du ändern kannst, damit sich deine Vorstellungen vom Leben tatsächlich in der Realität abbilden.

Wenn du merkst, dass der Effekt nachlässt und sich dein Gehirn nach ein paar Tagen schon daran gewöhnt hat, kritisch zu dir zu sein und deine Zeit genauer zu planen, dann kannst du die Frequenz verändern. Dann kannst du dir deine Erinnerungen oder deine Wecker in einen größeren Abstand einstellen.

Von alle drei Stunden reduzierst du auf zweimal pro Tag, auf einmal täglich, einmal wöchentlich, vielleicht sogar nur einmal monatlich. Was ist die richtige Frequenz? Wichtig ist die Intensität. Frag dich immer: Habe ich in dieser Woche oder in diesem Monat so gelebt, wie ich leben will? Was hat mich davon abgehalten?

Auf deinem Lebensweg kannst du dir das am Beispiel mit den Hindernissen gut vorstellen. Wenn du über einen Stock (also ein Hindernis) stolperst, dann frag dich: Warum bin ich über den Stock gestolpert? Warum habe ich ihn nicht gesehen? Wohin war meine Aufmerksamkeit stattdessen gerichtet? Und wozu war das gut oder eben auch nicht? Nichts geschieht ohne Grund.

Auch wenn es womöglich schmerzhaft ist: Streich Dinge aus deinem Alltag, die dich von deiner Vision abhalten! Optimier deinen Tagesablauf. Dazu werde ich dir später noch ein paar mehr Tools an die Hand geben. Ziel ist es an dieser Stelle, deine Reflexion und dein Bewusstsein so zu sensibilisieren und zu schulen, dass du genau im Moment des Geschehens bereits reflektieren und reagieren kannst.

Meistere Reflexionen, indem du lernst, IM Moment zu reflektieren. Übe viel situativ, um diese Fähigkeit zu schulen. Stell dir vor, du kannst in jeder Situation, in jedem Augenblick reflektieren und sofort das momentane Geschehen positiv beeinflussen, zum Beispiel in einem bald eskalierenden Streitgespräch mit deinem Partner oder deiner Partnerin. Das ist bares Gold wert!

Erkennen von persönlichen Zeitfressern

Wie gerade erwähnt ist es wichtig, alle belastenden und unwichtigen Dinge aus deinem Leben zu streichen und loszulassen, die deiner Vision, deinen Zielen und vor allem deinem Sein im Weg stehen.

Dazu musst du vor allem erkennen, welche davon tückische Zeitfresser sind. Beispiele für Zeitfresser können Fernsehen oder Streaming-Portale sein, die dich immer wieder verführen, etwas zu konsumieren. Viele Menschen verbrennen ihre kostbare Zeit, indem sie sich das Leben von anderen Menschen in Filmen auf ihrem Flatscreen anschauen.

Es kann aber durchaus sein, dass eine gute Serie oder Doku auch qualitativ hochwertige Zeit bedeutet. Es geht hier wieder um deine ehrliche Einschätzung. Wie bei so vielen Dingen macht die Menge des Konsums das Gift aus. Wenn du gerne Serien schaust, dann limitiere es vielleicht nur auf eine Folge und lies anschließend in einem Buch noch ein Kapitel, anstatt drei weitere Folgen zu schauen und dann einzuschlafen.

Mein großer Zeitfresser war es früher, Videospiele zu spielen. Ich spiele auch jetzt ab und an gerne noch zur Entspannung – aber mit Maß.

Geld

Über Geld reden gerade die Deutschen nicht gerne. Für sie ist das einfach ein schwieriges Thema. Unglaublich viele Deutsche haben Glaubenssätze, die sich während der Erziehung bis hin ins Erwachsenenalter festigen und Geld mit einer negativen Assoziation in Verbindung bringen. Die Klassiker sind: „Geld verdirbt den Charakter", „Geld macht schlecht" oder „Geld ist die Wurzel allen Übels" und viele andere. Das Interessante ist, dass es mehr negative als positive Glaubenssätze über Geld im deutschen Sprachgebrauch gibt. Warum ist das eigentlich so?

Geld ist doch etwas Schönes. Wenn ich mir allein diesen Satz auf der Zunge zergehen lasse, kommen bei mir ganz andere Assoziationen zustande. Probier es mal aus:

Geld ist etwas Schönes. Geld führt zu mehr Geld. Geld bereichert dein Leben. Geld macht vieles einfacher. Geld ist Energie. Mit Geld kann ich anderen Menschen und vor allem der Welt helfen.

Wie du im ersten Kapitel schon erfahren hast, kommt und geht die Energie. Energie ist die ganze Zeit im Fluss. Sobald man versucht, Energie festzuhalten – egal, ob die Energie jetzt für Geld steht oder für den Partner in einer Beziehung – , wird dieser Fluss unterbrochen und es entsteht ein Ungleichgewicht. Das Ungleichgewicht ist wie eine Krankheit. Sie belastet uns. Deshalb empfehle ich: Halte sie im Fluss. Investiere. Spende.

Versucht man etwas festzuhalten, wird sich das Festgehaltene mit Gewalt lösen. Es kann passieren, dass auf einmal Dinge kaputt gehen. Oder es kommen unerwartete, spontane Ausgaben auf einen zu. Gehen wir zum Beispiel davon aus, jeder Mensch hortet all sein Geld und gibt nichts mehr aus. Was würde passieren? Läden, Geschäfte und Firmen gehen bankrott, was wiederum dazu führt, dass wir unsere Jobs verlieren, da niemand mehr Geld ausgibt. Dann ist aber auch dein gehortetes Geld nichts mehr wert.

„Alles-im-Fluss-Halten" heißt natürlich nicht, dass man nicht sparen darf. Natürlich kann man einen Teil seines Einkommens sparen. Das sollte man sogar, um sich ein Polster aufzubauen. Es geht darum, nicht krankhaft am Geld festzuhalten, sondern einen Teil des Geldes wieder in den Kreislauf zurückzugeben. Dann wird es zu einem zurückkommen – meistens sogar mehr, als man investiert hat. Wenn man es kleingeistig festhält, kann Geld sich nicht vermehren, weil es nicht in Verbindung zum restlichen Geld auf der Welt steht. Es wird aus dem Kreislauf herausgenommen und ist somit von der restlichen Welt und vom gesamten universellen Energiekreislauf abgegrenzt. Damit ist dein eigener Energie- und Geldkreislauf nicht mehr im Fluss. Geld ist neutral.

Ein kleiner Schwenk in die Astrologie wird dir zeigen. dass es verschiedene Arten gibt, um mit Geld umzugehen. Wie du damit umgehst, hängt zum einen von den Elementen (Feuer, Wasser, Erde, Luft) ab, die bei dir stärker oder schwächer ausgeprägt sein können und zum anderen den momentanen Einwirkungen, wie zum Beispiel der aktuellen Zeitqualität. So wie eine Uhr die Zeit-Quantität anzeigt, aber sie nicht beeinflusst, genauso zeigt die Planetenkonstellation die Zeit-Qualität an, ohne sie zu beeinflussen.

Das heißt zum Beispiel, wenn in deinem Horoskop mehr das Luftelement überwiegt, wirst du eher mehr Geld ausgeben. Ist die Zeitqualität aber gerade eher Erde, kann sogar dieser Mensch sparsam sein.

Auf der anderen Seite des Festhaltens, gibt es natürlich auch Menschen, die ihr gesamtes Geld ausgeben. Das ist das andere Extrem und macht genauso keinen Sinn wie das Festhalten. Es gibt Formeln, die einem dabei helfen können, einen gesunden Weg für die eigenen Geldströme zu finden. Ich habe diese Formel vor Jahren von meinem Business-Mentor Calvin Hollywood bekommen und möchte sie mit dir teilen. Du kannst sie gerne auf dich persönlich anpassen, also auf deine ganz eigene Situation.

Die Basis besteht aus Folgendem: Du hast jeden Tag 24 Stunden. Zehn Stunden ziehst du für alltägliche Dinge wie Schlaf oder Essen ab. Das bedeutet, es bleiben täglich etwa 14 Stunden, in denen du produktiv sein kannst.

Multipliziert man diese 14 Stunden auf das Jahr hochgerechnet mit 365 Tagen, ergeben sich daraus 5110 Stunden. Und jetzt nimmst du dir deinen Jahresumsatz zur Hand und teilst ihn durch die 5110 Stunden. Daraus ergibt sich ein Stundensatz, mit dem du weiterrechnen kannst.

Das ist selbstverständlich nicht dein wirklicher Stundenlohn. Wir sprechen hier von einem Stundenwert. Deinem wirtschaftlichen Stundenwert.

Das heißt, wenn du zum Beispiel einen wirtschaftlichen Stundenwert von 30 Euro hast, dann macht es Sinn, für ungeliebte Arbeiten jemand anzustellen.
Diese gewonnene Zeit nutzt du dann für andere Dinge, beispielsweise für dein Business, um deinen wirtschaftlichen Stundenwert zu steigern, oder du hast wertvolle Zeit für deine Familie.

Hast du einen Stundenwert von zehn Euro, dann macht es im Moment keinen Sinn, jemanden einzustellen. Sinnvoll wäre, zu überlegen, wie du selbst mehr verdienst. Als Angestellter kannst du eine Gehaltserhöhung erfragen. Dafür musst du natürlich für das Unternehmen mehr Wert bieten, als du es jetzt vielleicht tust. Das heißt nicht, dass du zwingend mehr Stunden arbeiten musst. Vielleicht arbeitest du dann sogar weniger Stunden und verdienst mehr – etwa, weil du Leistungen einbringst, die dich für das Unternehmen unabkömmlich machen. Du könntest Weiterbildungen besuchen und andere Kollegen und Kolleginnen an deinem Wissen teilhaben lassen.

Du könntest Ideen und Innovationen etablieren, die dem Unternehmen nützen. Oder du hast noch andere Ideen, die du deinem Unternehmen anbieten kannst. Sicher brauchst du im Gespräch mit deinem Chef auch ein gewisses Verhandlungsgeschick, aber wenn du eine gute Verhandlungsbasis aufgrund deiner Leistung und deines Wertes für die Firma mitbringst, wirst du deinen Stundenlohn beziehungsweise Stundenwert spielerisch steigern können.

Eine andere Möglichkeit ist natürlich, dir in deinen sechs Stunden Freizeit, die normalerweise pro Tag bleiben, ein Business neben deinem Job aufzubauen. Selbst wenn du andere Hobbys aufrechterhalten möchtest, bleiben dir täglich mindestens drei Stunden plus das Wochenende, um dir ein nebenberufliches Business aufzubauen oder deinen Wert für deinen Arbeitgeber zu erhöhen.

Nun kennst du zwei wesentliche Möglichkeiten, deinen wirtschaftlichen Stundenwert zu erhöhen. Entweder du erreichst eine sinnvolle Steigerung deiner Leistung für deine Firma, sodass du mehr Geld oder mehr Zeit bekommst oder du baust dir neben deiner Arbeit noch ein weiteres Business auf. Es kann natürlich auch sein, dass du schon selbstständig bist und selber bestimmen kannst, wie viel du in einer Stunde verdienst.

In dieser Situation hat man natürlich einen ganz anderen Hebel und ganz andere Möglichkeiten. Man kann zumeist selbst festlegen, wie viel man für eine Stunde Arbeit berechnet.

Man kann sich die Arbeitszeiten frei einteilen und ist somit höchst flexibel. Kurz gesagt hat es ein Selbstständiger leichter, seinen Stundenwert zu erhöhen, als ein Angestellter.

Lass mich die Erkenntnisse der letzten Seiten kurz zusammenfassen: Eine wichtige Feststellung ist, dass dir Geld „mehr" Zeit bringen kann. Geld ist Energie. Das heißt, mehr Energie bringt dir mehr Zeit. Energie ist immer im Fluss und sollte immer in Bewegung bleiben.

Jetzt lass uns schauen, was du mit deinem Geld, also mit deiner Energie, aktiv tun kannst. Es gibt drei Modelle:

1. Das Investment
2. Der Konsum / die Konsumgüter
3. Die monatlichen Ausgaben

Für alle drei Möglichkeiten ist es ratsam, Bindung und Flexibilität gegeneinander abzuwägen.

Ein Investment ist eine Geldanlage, bei der du dir sehr sicher bist, dass aus der Anlage wieder Geld fließt. Das Prinzip ist einfach: Aus deinem investierten Geld wird mehr Geld. Aus Energie wird mehr Energie. Auch in dich selbst zu investieren, gehört dazu.

Ein Konsumgut ist eine Geldanlage mit Risiko oder auch Totalverlust. Meistens hast du einen direkten Wertverlust. Es kann ab und zu passieren, dass dein Konsumgut sogar im Wert steigt.

Das ist oft aber nur Spekulation, wie zum Beispiel bei einem Oldtimer. Konsumgüter solltest du weitestgehend meiden und stark reduzieren. Das Geld, was du in Konsumgüter ausgibst, ist weg!

Mit Ausgaben meine ich Lebensunterhaltskosten, die jeden Monat anfallen. Wenn du in deiner Wohnung im Homeoffice arbeitest, dann sind die Miete oder die Möbel auch ein Investment, da du damit wieder Geld erwirtschaftest.

Dein Ziel sollte es sein, immer das meiste deines Einkommens zu investieren. Möglicherweise hast du im Moment noch nicht die großen Summen an Geld, um in Immobilien oder in andere Unternehmen zu investieren.

Es gibt aber die Möglichkeit, als Kleininvestor zu beginnen und sich mit vielen anderen Kleininvestoren für einen großen Betrag zu vereinen, der dann für ein Investment oder einen Teil eines Investments ausreicht. Solche Zusammenschlüsse von Kleininvestoren müssen nicht von einem einzelnen oder allen Kleininvestoren mit Verträgen abgesichert werden.

Dafür gibt es Emittenten, die solche Chancen und Möglichkeiten vermitteln und auch den rechtlichen Teil übernehmen. Des Weiteren kannst du auch mit kleinen Investitionen starten, zum Beispiel in Edelmetalle wie Gold, Silber oder strategische Metalle wie Indium oder Kobalt.

Die wichtigste Investition ist allerdings in dich selbst. Du bist das beste Investment, das du tätigen kannst. Starte mit Büchern, da diese für wenig Geld viel Wissen enthalten. Besuch Seminare und später kannst du dir auch mal einen Coach buchen, der individuell mit dir arbeitet. Das sind Investments, von denen du langfristig profitieren wirst.

Es ist immer ratsam, beim Thema Finanzen persönliche Beziehungen zu pflegen und sich auf keinen Finanzberater oder Banker zu verlassen, der davon lebt, dir Produkte zu verkaufen.

Meine goldene Regel lautet: Versuch auf jeden Fall, immer zuerst dir selbst ein Bild zu machen. Es ist nie gut, Aufgaben abzugeben die du gar nicht verstehst und anderen zu überlassen. Bevor du abgibst, solltest du die grundlegenden Regeln, die hinter diesen Aufgaben stecken, verstanden haben, damit du auch weißt, was derjenige für dich tut. Und natürlich damit du die Arbeit, die er für dich macht, auch wertschätzen kannst. Ein hervorragendes Beispiel ist die Buchhaltung. Wenn du dich noch nie selbst um Rechnungen, Abrechnungen oder Steuern gekümmert hast, dann solltest du dich zumindest etwas damit vertraut machen, bevor du sie delegierst.

Ich bin sehr sicher, dass du lernst, anders zu denken, anders zu handeln und dich selbst anders und bewusster zu erleben. Um Raum für solche Investments zu schaffen, macht es Sinn auszumisten. Überprüfe deine regelmäßigen Ausgaben. Gibt es Verträge, die noch laufen, die du aber gar nicht nutzt?

Kannst du Mietkosten senken, indem du ein Zimmer vermietest oder umziehst? Kannst du den Stromanbieter wechseln, um Geld zu sparen? Vielleicht gibt es sogar einen Anbieter, der Ökostrom anbietet und günstiger ist. Es macht Sinn, mindestens einmal im Jahr alle Ausgaben zu überprüfen. Mit dieser Aktion kannst du sparen und das Geld in deine Weiterentwicklung oder in andere sinnvolle Investments einbringen. Je zeitiger du anfängst, dein Geld und deine Energie sinnvoll zu investieren, desto zeitiger wirst du ein erfülltes und entspanntes Leben führen.

Ich möchte dir noch eine weitere Formel mit auf den Weg geben: Meine Einladung ist, ab sofort zu beginnen, dein monatliches Einkommen – abzüglich aller Abgaben – aufzuteilen: Zwischen 10-20 % kannst du für größere Investments sparen. Weitere 20-30 % investiere in dich selbst, in deine Gesundheit, Bildung oder Entspannung. Dann kannst du zum Beispiel noch ein Unterkonto einrichten, das du für alle überraschenden Ereignisse nutzt. In dieses Konto fließen 30 %, für den Fall, dass zum Beispiel dein Auto kaputt geht oder eine Steuernachzahlung ansteht. Ich persönlich habe dann noch ein Konto für Spenden, auf das ich weitere 10 % einbezahle.

Um das umzusetzen, kannst du zum Beispiel unterschiedliche Konten führen oder Unterkonten anlegen, damit du die unterschiedlichen Bereiche abdecken kannst und das Geld nicht durch deine Finger rinnt. Zum Schluss bleiben vielleicht noch 10 % übrig, die du für deinen persönlichen Spaß ausgeben kannst.

Wenn du das Gefühl hast, die Prozentangaben passen für dich nicht, dann wandle sie einfach ab. Wichtig ist nur, dass du das Geld aufteilst, sodass jeder Bereich „gefüttert" wird.

Zu guter Letzt möchte ich dir zum Thema Geld noch etwas über Bindung und Flexibilität mit auf den Weg geben. Es gibt Sachen, die du dir kaufst, die stellen eine Bindung dar. Im ersten Moment fühlen sie sich womöglich wie eine Sicherheit an und du denkst, du hast dein Leben damit bereichert. Manchmal ist es auch eine Form von Belohnung, bei der dir dann dein Gehirn suggeriert, dass es etwas Gutes und Angenehmes sei. Gleichzeitig können solche Sachen aber auch eine starke Belastung darstellen.

Ich bin ein großer Freund von Minimalismus. Ich kann dir daher empfehlen, dass du alle Besitztümer dahingehend überprüfen solltest, ob du sie wirklich brauchst. Löse dich von so vielen Dingen wie möglich. Du wirst dich anschließend leichter und freier fühlen. Ich meine damit auf keinen Fall, dass du dies alles wegschmeißen sollst. Verkaufe oder verschenke Gegenstände an jemanden, der sie brauchen könnte und bedanke dich für den Gegenstand, dass er eine gewisse Zeit in deinem Leben war.

Ist es nicht so, dass man heute gar nicht mehr alles besitzen muss? Es gibt so viele Apps, Gemeinschaften, Sharings, Leasings. Man kann sich so viele Dinge – vom Akkuschrauber über Autos bis zu Arbeitsgeräten – für einen kleinen Preis leihen.

Da entfallen die Anschaffungskosten, Versicherungskosten, Unterhaltungskosten, man spart Platz und schont seine Nerven. Desweiteren bist du nicht an einen Besitz gebunden.

Überleg mal, wie viel du von allem, was du besitzt, auch wirklich brauchst. Mach doch mal Inventur. Das Buch „Simplify" von Marion und Werner Küstenmache hat mich hier sehr unterstützt. Danke für dieses großartige Buch.

Probiere es aus: Aufräumen, ausmisten und dann die Kraft und Energie spüren, die damit einhergeht. Jeder wird da seinen eigenen Weg finden, weil sich natürlich auch hier wieder die Frage stellt was dir wichtiger ist: Geld oder Zeit? Was den meisten bei diesem Prozess im Wege steht, ist das Bedürfnis nach Sicherheit und Bequemlichkeit. Doch „sicher" gibt es nicht. Sicher ist noch nie etwas gewesen und wird es auch niemals sein.

Das beste Beispiel sind Versicherungen. Menschen versichern sich gegen oder für etwas. Tritt dann jedoch wirklich ein Schadensfall ein, ist das Risiko hoch, dass man wegen gewisser Klauseln doch kein Geld bekommt. Man lässt sich in falscher Sicherheit wiegen. Außerdem gibt man Energie in dieses Feld hinein. In dem Moment, in dem man beispielsweise eine Berufsunfähigkeitsversicherung abschließt, gibt man genau in dieses Feld Energie rein. Du öffnest den Raum für die Möglichkeit, in deinem Leben berufsunfähig zu werden.

Du fängst an, daran zu glauben, dass das möglich ist, und in diesem Moment wird diese Gefahr für dich Realität. Ich kann dir daher nur raten, dich von so vielen Verbindlichkeiten zu lösen. Jede Situation ist individuell und sollte auch individuell behandelt werden. Fühle rein, welche Verbindlichkeiten sich für dich stimmig anfühlen und welche nicht.

Entscheidungen

Du triffst ständig Entscheidungen, ganz unabhängig davon, ob dir das bewusst ist oder nicht. Denn selbst eine Nicht-Entscheidung ist im Grunde genommen eine Entscheidung. Oft hadern wir mit dem Thema Entscheidungen aus Angst, eine „falsche Entscheidung" treffen zu können. Aus Angst, die Konsequenzen tragen zu müssen. In der Zeit des Haderns verbrauchen wir enorm viel Energie. Es heißt, die erfolgreichsten Menschen treffen schnelle Entscheidungen. Zum einen tragen sie Selbstverantwortung und zum anderen Selbstvertrauen. Sie stellen nicht in Frage oder wägen stundenlang ab. Sie entscheiden sich für einen Weg und lernen. Sie wissen, es gibt keine falschen Entscheidungen, denn jede Entscheidung setzt neue Möglichkeiten und Wege frei, auf denen du lernen und wachsen kannst.

Was gehört dazu, eine Entscheidung zu treffen und dann dazu zu stehen? Die Antwort lautet: Ein Commitment abzugeben. Sich selber genug wertzuschätzen, zur Entscheidung zu stehen und sie nicht am nächsten Tag wieder zu verwerfen. Viele Menschen leben nach dem Prinzip: Heute dieses, morgen jenes. Ich glaube aus eigener Erfahrung: Selbstliebe und Selbstdisziplin sind die Schlüssel. Ich persönlich treffe meine Entscheidungen jeden Tag neu. Jede Minute. Jede Sekunde. Für mich ist das Leben ein einziger, dauerhafter Entscheidungsprozess.
Wie ist es für dich? Du entscheidest dich von Tag zu Tag (unbewusst oder bewusst), ob du mit deinem Partner noch zusammen sein willst, da es dir absolut frei steht mit dem

Partner Zeit zu verbringen oder zu gehen. Du entscheidest dich jeden Tag, ob du dein Business noch machen willst oder abbrichst. Bringst du die Disziplin und das Durchhaltevermögen auf, diesen Weg auch zu gehen?
Entscheidungen zu treffen, ist eine der wichtigsten Fähigkeiten überhaupt. Das Gute ist: Dies kann man trainieren. Deswegen möchte ich dir auch hierfür eine richtig starke Formel mit auf den Weg geben. Wenn du diese Formel umsetzt, wirst du zu 100 % mehr Erfolg – was auch immer Erfolg für dich bedeutet – haben. Versprochen! Die Formel ist einfach! Multipliziere eine Entscheidung mit deiner Disziplin und dividiere sie durch die Willensstärke. Das macht dann den Erfolg im Leben aus.

Entscheidung x Disziplin

---------------------------------- = Erfolg im Leben

Willensstärke

Entscheidung (ich treffe eine Entscheidung) x Disziplin (ich treffe sie oft und stehe dazu) / Willensstärke (trotz Rückschlägen mache ich weiter) = Erfolg im Leben.

Das heißt konkret, dass ich eine bewusste Entscheidung, die ich treffe, nicht nur einmal treffe, sondern jeden Tag, jede Stunde, jede Minute, dass ich sie verinnerliche, mich mit jeder Handlung entsprechend dieser Entscheidung verhalte und in meinem Handeln konsequent bin.

Natürlich gibt es auch Rückschläge. Aber es geht nicht darum, ob oder wie viele Rückschläge du hast, sondern wie du damit umgehst. Brichst du ab, weil du den Schmerz nicht ertragen kannst, oder bleibst du willensstark, hast dein Ziel vor Augen, stehst wieder auf und machst weiter?
Wenn du also zum Beispiel die Entscheidung triffst, dass du von nun an jeden Tag Sport machen willst, dann wird jede darauffolgende Entscheidung, die du im Laufe deines Tages und der nächsten Tage treffen wirst, darauf ausgerichtet sein, diese eine erste Entscheidung zu unterstützen. Vorausgesetzt, du hast Disziplin und Willensstärke. Wenn dich dann eine Kollegin fragt, ob ihr abends gemeinsam etwas trinken geht, wirst du ihr ein Lunch-Meeting vorschlagen, damit du deinen Trainingstermin abends weiterhin wahrnehmen kannst. Falls deine Freundin mit dir am Wochenende Zeit verbringen will, planst du beides ein – Freundin und Sport. Deine Entscheidung muss fortan einfach die größte Priorität für dich haben. Somit zeigst du dir selbst Respekt, denn wenn du keinen Respekt vor deiner eigenen Entscheidung hast, wer soll dann Respekt vor dir haben?
Ein kritischer Menschenverstand, wenn du dich zum Beispiel krank fühlst, gehört zu diesen Entscheidungen selbstverständlich dazu.

Ich möchte dir dazu ein Beispiel geben: Ich hatte mal einen Bekannten, der war unsterblich in eine Frau verliebt. Er hatte damals die Entscheidung getroffen, dass er diese Frau und NUR diese eine Frau – als Lebenspartnerin haben möchte. Nichts konnte ihn von dieser Entscheidung abbringen. Er tat jeden Tag etwas, um seinem Ziel näher zu kommen. Ziemlich lange Zeit allerdings zeigte sie ihm nichts als die kalte Schulter.

Er brachte ihr Blumen, interessierte sich für ihre Hobbys, half ihrer Familie und tat generell alles Mögliche, um der Frau seiner Träume näher zu kommen. Anfangs war sie wirklich zurückweisend. Und es gab jede Menge Rückschläge für ihn. Doch genau diese Rückschläge haben ihn nur stärker gemacht.

Er hat über fünf Jahre gebraucht, bis sie schlussendlich in ein Date eingewilligt hat. Aber was soll ich sagen: Heute sind sie verheiratet und erwarten ihr zweites Kind.
Anmerkung: In dieser Geschichte hing es auch von der Entscheidung der Frau ab. Ab und zu ist es sinnvoll, seine Entscheidung zu überdenken und eine neue zu treffen.

Jeder Mensch auf diesem Erdball hat eine riesige Auswahl an Möglichkeiten, wie er oder sie das Leben gestalten kann. Über den Erfolg, den ein jeder hat, entscheidet die Fähigkeit, Entscheidungen zu treffen und diese mit Disziplin zu verfolgen. Schon in dem Wort „Entscheidung" liegt die Bedeutung, dass wir uns mit einer Entscheidung FÜR eine gewisse Sache und gleichzeitig damit auch GEGEN alle Alternativen entscheiden. Für diese Alternativen bleibt dann weder Zeit noch Raum.

Im Beispiel meines Bekannten, wäre er niemals mit der Frau seiner Träume zusammengekommen, wenn er noch zwei weitere Frauen umworben hätte, einzig für den Fall, dass die erste kein Interesse gezeigt hätte. Er hat diese Option für sich einfach komplett ausgeschlossen. Was dazu geführt hat, dass er all seine Energie ausschließlich auf seine Traumfrau konzentrieren konnte. Man könnte auch sagen, dass es eine gute Entscheidung war, die er getroffen hat.

Aber ich weiß aus eigener Erfahrung, dass der Prozess, bis man eine Entscheidung trifft, manchmal wirklich langwierig und schwierig sein kann. Wie oft zweifelt man und fragt sich, ob die Entscheidung eine „gute" Entscheidung ist? Wie viele Menschen reden dir ein, dass deine Entscheidung falsch sei. Was ist schon richtig und falsch? Gut und schlecht? Das ist, so glaube ich, nicht wirklich wichtig. Sondern es geht vielmehr darum, nach seiner Intuition eine Entscheidung zu treffen und weiterzumachen.
So wie in der vorhin beschriebenen Formel. In diesem Moment, wo du eine Entscheidung triffst, ist diese die richtige für dich.
Es gibt nur eine Frage, die wir uns stellen sollten: Kommen wir mit diesen Entscheidungen, die wir treffen, unserem Ziel oder unserer Vision näher?
Eines habe ich auf meinem Lebensweg gelernt: Viele exzellente Entscheidungen zeichnen sich oft durch Mut aus. Sei mutig und triff einfach eine Entscheidung!

Tipp: Triff Entscheidungen dann, wenn du dich gerade gut fühlst und entspannt bist, niemals in Stresssituationen.

Es gibt Situationen, in denen wir eigentlich schon wissen und fühlen, was zu tun ist, und uns jedoch trotzdem nicht entscheiden können. Zum einen haben wir in diesem Moment keinen Respekt vor dem eigenen Bauchgefühl und belügen uns selbst, zum anderen treffen wir auch mit dem Nicht-Entscheiden eine Entscheidung, die ausstrahlen kann und Wirkung zeigt. Und zwar: Die Akzeptanz des Status quo.

Darum ist es so wichtig, keine Entscheidung vor sich herzuschieben, sondern sofort aus dem Bauch heraus zu entscheiden. Das Herschieben kann sehr großen Schmerz erzeugen. Wenn du also mal wieder in so eine Situation kommst, in der du dich nicht entscheiden kannst, dann frag dich: Warum reagiere ich so, wie ich reagiere? Fehlen mir Informationen? Habe ich Angst? Was will ich nicht sehen? Entscheidungen kann man trainieren – wie einen Muskel. Ich kann dir versprechen, dass solche Situationen immer seltener werden, wenn du Entscheidungen zu treffen übst, dir dein Muster für Entscheidungen erarbeitest und es konsequent einhältst. Dann wird eine „gute“ Entscheidung auf die nächste folgen.
Darüber hinaus brauchst du mit einem solchen Entscheidungsmuster keine Angst mehr zu haben. Wenn dir deine Art, Entscheidungen zu treffen, deine Muster und Ziele klar sind und du dein „Wozu“ genau kennst, erschaffst du dir ein eigenes System. Du wirst immer wissen, was zu tun ist, um deinem Ziel einen Schritt näher zu kommen. Wenn du dir dann noch strategisch überlegst, welche einzelnen, kleinen Schritte notwendig sind, um dein Ziel zu erreichen, dann bist du unaufhaltbar.

Dann wirst du alle Entscheidungen bewusst in deine Richtung lenken und im Einklang mit dem Universum deinen Lebensweg bestimmen.

Welche Entscheidung schiebst du im Moment vor dir her?

....

....

Unter welchen Bedingungen triffst du gute Entscheidungen?

....

....

Zum Abschluss dieses Themas möchte ich noch eine Geschichte mit dir teilen:

Der Wind blies ihnen eisige Flocken ins Gesicht. Der Boden war festgefroren und der Schnee darüber knirschte mit jedem Schritt. Die zehn Masseure waren auf dem Weg durch die Berge. Heimwärts. Alle zehn waren blind und halfen sich, so gut sie eben konnten, über den schmalen Bergpass.

Aber ihre Beine zitterten vor Angst. Jeder Schritt war ein Schritt ins Ungewisse. Und auch wenn sie den Weg kannten, so wussten sie doch um seine Gefahren und manch lauernden Abgrund.

Die Hälfte des Weges lag bereits hinter ihnen, da stolperte der Mann an der Spitze ihrer Zehnerschaft und stürzte ab. Die anderen neun waren starr vor Schreck und schrien verzweifelt: „Um Himmels willen! Was für ein Unglück!" Da hörten sie die Stimme ihres Kollegen ein paar Meter tiefer: „Habt keine Angst. Ich habe mir nichts getan. Es geht mir jetzt sogar viel besser!

Denn ich fürchte mich nicht mehr. Bevor ich fiel, dachte ich: Was tue ich nur, wenn ich abstürze? Deshalb litt ich fürchterliche Angst. Nun aber bin ich ganz ruhig. Wenn auch ihr eure Angst ablegen wollt, stürzt euch zu mir hinunter!"

Die Geschichte stammt aus dem Japan des frühen 18. Jahrhunderts und ist im Buch „Hagakure – Der Weg des Samurai" niedergeschrieben. Darin sammelte der zum Einsiedlermönch konvertierte, ehemalige Samurai Tsunetomo Yamamoto rund 1300 Weisheiten, Lektionen und Anekdoten aus seiner Epoche. Die meisten beschäftigen sich damit, Ängste und Widerstände zu überwinden. Ob sich diese Geschichte tatsächlich so zugetragen hat oder nur eine Erzählung ist, weiß man nicht. Aber sie dokumentiert anschaulich das Wesen der Angst und zeigt, wie man sie überwindet.

Entscheidungen zu treffen, ist immer ein Weg ins Ungewisse – manchmal sogar ein blinder Schritt. Was uns lähmt, ist nicht die Angst vor dem nächsten Schritt, sondern vor dem unbekannten Abgrund, dem Sturz, dem Risiko des Misserfolgs. Dieser Abgrund sieht in der Fantasie oft viel größer aus, als er in Wahrheit ist.

Darum ist es gut, trotz weicher Knie beherzt weiterzugehen. Wer dann wirklich fällt, merkt häufig, wie sinnlos die Angst vorher war. Ein Sturz kann ab und an eine heilsame Wirkung haben.

Oder wie Yamamoto schrieb:

„Wenn du in eine missliche oder schwierige Lage gerätst, reicht es nicht, zu behaupten, dass du keine Angst hast. Überwinde deine Angst und stürme tapfer und freudig voran!"

Wenn ich auf meinem Lebensweg gehe, ist mir bewusst, dass ich die Macht habe, zu bestimmen, wie ich ihn gehe. Alle Wege führen nach Rom und ich bin derjenige, der entscheidet, welchen ich gehen will. Denn ich bin auch derjenige, der diesen Pfad gehen MUSS. Das kann mir niemand abnehmen.

Probleme

Probleme gibt es jeden Tag. Doch was genau bezeichnen wir als Problem? Ab wann ist ein Problem überhaupt ein Problem? Und wie gehe ich damit um? Wenn wir uns nochmal kurz die Wortbedeutung in Erinnerung rufen, dann hat das Wort Problem eigentlich nur die Bedeutung, dass es überwunden werden will. Es bedeutet „das zur Lösung Vorgelegte", „ein Hindernis, das noch im Weg steht, um zum Ziel zu kommen". Die Frage ist also lediglich, wie man mit diesem Hindernis umgeht. Anmerkung: Wiederholung ist die Mutter der Didaktik.

„Ich habe nicht versagt. Ich habe nur 10000 Wege gefunden, die nicht funktionieren."

Thomas A. Edison

Ich kenne viele Menschen, die das Bedürfnis haben, zu fliehen oder sich zu verstecken, wenn sie vor einem Hindernis stehen. Sie glauben, sie kommen nicht weiter. Sie glauben, sie schaffen es nicht – und darum versuchen sie es leider erst gar nicht.

Dabei ist jedes Problem, das sich dir auf deinem Lebensweg in den Weg stellt, eine Art Herausforderung in deinem Leben. Eine Chance, zu wachsen.

Das Schöne ist, dass du eigentlich kaum versagen kannst, denn du hast in vielen Dingen mehrere Versuche.

Und du wächst an jedem Versuch. Es gibt kleinere und größere Herausforderungen, die sich einem in den Weg stellen. Manche kann man ganz schnell überwinden und manche brauchen sehr viel Zeit und Hingabe. Öffne deine Arme für jede Herausforderung.

„Jede Herausforderung trägt bereits die Geburt einer Lösung in sich."

Katrin Krappweis

Auf manche Prüfungen muss man sich auch vorbereiten. Ein bisschen wie in der Schule. Für manche Prüfungen muss man seine Fähigkeiten entwickeln oder neue Fertigkeiten erlernen. Du kannst bei diesen Prüfungen große Freude empfinden. Es ist deine Entscheidung, wie du sie siehst. Diese Prüfungen, die sich dir als Probleme – oder besser gesagt als Hindernisse – in den Weg stellen, sind nicht von einer fremden Person wie einem Lehrer oder einem Lehrplan platziert worden. Sondern diese Herausforderungen zu meistern, macht dein Leben aus. Sie sind aus dem Leben entstanden, das du mit deinen Entscheidungen geformt hast.

Anmerkung: Ich glaube sogar, dass jede Seele sich vor Geburt entscheidet, wo sie und mit wem sie aufwächst, um bestimmte Erfahrungen sammeln zu können. Deshalb denke ich, dass jede Herausforderung – objektiv betrachtet – du dir selbst ausgesucht hast.

Daher darfst du alle Probleme, die auf dich zukommen, freudig entgegennehmen. Du wirst dich weiterentwickeln und darfst dafür dankbar sein. Stell dir nur mal vor, wie langweilig das Leben wäre, wenn es keine spannenden Herausforderungen zu meistern gäbe. Sie helfen uns, voranzukommen. Und mal ehrlich, das Gefühl, wenn ein Problem gelöst ist, ist doch einfach unglaublich beglückend, oder?

Egal, welche Probleme du in deinem Leben aktuell hast, egal, ob diese Probleme privater oder beruflicher Natur sind, schiebe sie nicht vor dir her. Kehr sie vor allem nicht unter den Teppich. Versteck dich nicht vor ihnen, sondern geh direkt auf sie zu – auch wenn du Angst hast. Du wirst sie lösen können, wenn du es wirklich willst. Denn du bekommst vom Universum alle Werkzeuge an die Hand, die du dafür brauchst. Vertraue darauf. Warum sonst würdest du dieses Problem vor die Füße gelegt bekommen? Sei lösungsorientiert!

Durch die heutige Social-Media-Flut haben wir immer das Gefühl, dass viele andere ein Leben ohne Probleme führen. Die Posts auf Instagram zeigen fast nur schöne Momente. Wenige erzählen, was wirklich passiert.

Aber das ist eine Scheinwelt. Ich selbst gebe meinen Followern auf Instagram auch immer mal Einblicke in mein gesamtes Leben. Sie dürfen sehen, dass ich nicht perfekt bin. Ich finde es stark, wenn erfolgreiche Menschen zeigen, dass auch bei ihnen nicht alles rund läuft, denn das gibt einem das Gefühl, dass wir alle nur mit Wasser kochen.

Die Frage, wie du mit Problemen umgehst, entscheidet darüber, wie erfolgreich du sein wirst. Selbst der erfolgreichste Manager erlebt in seiner Karriere eine Berg- und Talfahrt. Aber er kennt die Prozesse und weiß, dass es nach einer Talfahrt auch wieder aufwärts geht.
Ich glaube, das Geheimnis dieser Menschen ist, sich nicht gegen diesen Prozess und somit den Fluss der Energien zu stellen, sich nicht dagegen zu wehren, sondern ihn bewusst zu erleben und für sich zu nutzen. Es geht einzig darum, nicht aufzugeben.

So wie in dieser symbolischen Geschichte hier:

"Es waren einmal zwei Frösche. Sie waren beide in einen Milchkrug gefallen und strampelten um ihr Leben, um diesem Milchkrug zu entfliehen. Sie strampelten und strampelten. Am Ende des Tages sagte der eine Frosch zum anderen: „Wir strampeln schon den ganzen Tag, das wird eh nichts mehr." Er hörte auf zu strampeln und ertrank. Der zweite Frosch strampelte weiter und über Nacht wurde die Milch durch das Strampeln zu Butter. Er fand Halt, konnte sich abstützen und dem Milchkrug entfliehen."

Ich hoffe jeder versteht die Botschaft dahinter. Es geht darum nicht aufzugeben und weiterzumachen.

Die Talfahrt kann auch spannend und interessant sein. Wer sagt denn, dass die Talfahrt schlecht ist? Jede Talfahrt kann auch eine Bergfahrt sein. Wenn du zum Beispiel deinen Job verlierst, hast du gleichzeitig eine neue Möglichkeit den beruflichen Weg zu ändern und / oder auch mehr Zeit für deine Familie. Alles ist für etwas gut.

Egal, an welcher Stelle du in deinem Leben gerade stehst und wie ungeduldig du bist: Bedenke, du bist schon so weit. Gib nicht auf, arbeite weiter an dir. Damit leistest du bereits mehr als der Großteil der Menschen auf diesem Planeten. Sei also auch gut zu dir, erkenn dich an und nimm bewusst die vielen kleinen Fortschritte wahr, die du machst. Du kannst stolz auf dich sein.

„Unsere Art, die Probleme zu sehen, ist das Problem."

Stephen Covey

Komfortzone

Du hast dir im Laufe des Buches nun schon oft deinen Lebensweg vorgestellt und ausgemalt. Vermutlich wird dieser innere Weg immer klarer. Wenn du dir diesen Weg vorstellst, fühlt es sich gut an. Lebendig. Vielleicht lebendiger als das, was das Leben momentan für dich bereithält? Es gibt einen Wegabschnitt zwischen dem Ort, an dem du dich heute befindest, und dem Beginn deines ganz eigenen Lebensweges. Jetzt bist du gefragt. Bist du bereit für das Wunder, für die Lebendigkeit, die auf dich wartet? Bist du bereit, für deinen Lebensweg aufzustehen, loszugehen und deine Komfortzone auszudehnen? Alles, was du heute lebst, alles, was dir heute leichtfällt, ist bereits Teil deiner Komfortzone. Das war rückblickend vielleicht nicht immer so. Alles, was du dir wünschst, alles, wonach du dich sehnst, ist es noch nicht. Die Erfüllung dessen lädt dich dazu ein, zu wachsen.

Du kannst aus deiner aktuellen Situation nicht ausbrechen, um auf deinen besten und freiesten Lebensweg zu kommen, wenn du nicht bereit bist, dafür deine Komfortzone zu verlassen und diese auch auszudehnen. Womöglich musst du erst durch eine Wüste, bevor du am Strand ankommst. Wichtig ist, dass dich die Wüste nicht in die Knie zwingt, sondern dass du die Wüste mit Freude wahrnehmen und durchqueren kannst, weil du weißt, was auf dich wartet. Außerhalb deiner Komfortzone bieten sich dir Wachstumsmöglichkeiten. Denn wenn du eine Herausforderung verschiebst, wird sich dir diese einfach später wieder in den Weg stellen. Du kannst sie nicht umgehen.

Der Begriff Komfortzone wird heute sehr oft in der Persönlichkeitsentwicklung genutzt und ist ein Modell, mit dem sich sehr gut erklären lässt, wie Wachstum funktioniert. Ich möchte dir ein Beispiel aus dem Sport geben.

Im Körper gibt es den Zustand der Homöostase. So wird im Fachjargon das Gleichgewicht aller Körperfunktionen bezeichnet. Dieser Zustand regelt sich normalerweise immer von selbst, sodass alle Körperfunktionen automatisch ineinandergreifen und perfekt miteinander funktionieren. Möchte man allerdings zum Beispiel Muskelaufbau betreiben, dann begibt man sich am besten in einen Zustand außerhalb der Homöostase, damit das Training auch einen Effekt hat.

Du kannst dir die Homöostase als einen Kreis vorstellen, gewissermaßen als „Komfortzonen-Kreis". Um Fortschritte zu erzielen, muss man diesen Kreis überschreiten. Und das auch am besten mehr als einmal, damit sich die Veränderung auch langfristig festigen kann. Genauso ist es aber nicht nur beim Muskelaufbau oder bei anderen körperlichen Prozessen, sondern auch bei der Entwicklung der Persönlichkeit. Hierbei geht es um das Erlernen neuer Techniken und Fertigkeiten beziehungsweise das Wiederentdecken deiner Persönlichkeit. Wichtiger noch, es geht um die Entwicklung deines verhedderten Wollknäuels. Grundsätzlich ist unser Körper perfekt dafür ausgelegt, in einem ökonomischen Energiesparmodus zu agieren, um möglichst lange sicher zu überleben.

Um über uns hinauszuwachsen und unsere Ziele zu erreichen, macht es Sinn, aus diesem ökonomischen Energiesparmodus auszubrechen. Egal, was du erreichen möchtest: Der Austritt aus der Komfortzone ist der erste Schritt.

Faszinierend ist, dass je öfter du dich aus deiner Komfortzone heraus bewegst, sie umso größer wird. Sprich: Dinge, die du früher als unangenehm empfunden hast und die dich Überwindung gekostet haben, werden vertraut und manchmal sogar angenehm. Das heißt auch, dass du Zeit sparst, weil du dich nicht mehr überwinden musst. Somit wirst du immer effizienter und erfolgreicher. Ich kann dir aus eigener Erfahrung berichten, dass es sehr viel Freude bereitet, immer wieder neue Dinge auszuprobieren und neue Erfahrungen zu machen. Mein Lebensweg ist geprägt davon. Neue Länder zu bereisen, neue Orte zu erkunden, sich mit Menschen aus anderen Kulturen austauschen, all das wird deinen Horizont erweitern und dich deinen Zielen ein ganzes Stück näherbringen. Du wirst sicher Momente erleben, in denen es in dir kribbelt und es dir Angst macht, deine Komfortzone zu verlassen. Doch das Glücksgefühl, das du anschließend empfindest, ist es allemal wert.

Ich gehe stark davon aus, dass du bereit bist, für Veränderungen aus deiner Komfortzone zu treten. Vertrau mir, dass das für deinen Erfolg notwendig ist. Du kannst mit kleinen Dingen anfangen: Dusch heute mal kalt. Sprich mit einer wildfremden Person. Mach einem Fremden ein Geschenk. Einfach so. Probiere eine neue Sportart aus. Schlaf für eine Nacht unter den Sternenhimmel.

Mach einen Backpacking-Urlaub oder probiere ein neues Restaurant aus.

Egal, was du tust: Übe, deine Komfortzone zu verlassen, sodass du immer neue Fertigkeiten erlernst und die Grenze deines Machbaren sich stetig weiter ausdehnt. Das öftere Verlassen deiner Komfortzone wird dazu führen, dass es dir immer weniger Angst macht, dich außerhalb deiner Komfortzone aufzuhalten. Das wiederum wird garantiert neue Menschen in dein Leben ziehen. Solche, die von dir lernen werden wollen und von denen du lernen kannst.

Lebenstauglich

Alles, was du in den vergangenen Kapiteln gelesen hast, ist meine Wahrheit. Das sind Erfahrungen, die ich auf meinem Lebensweg gemacht habe. Das sind Wahrheiten von Mentoren, die mir in meiner Entwicklung geholfen haben, da zu sein, wo ich heute stehe. Das heißt aber auch, dass meine Wahrheiten in diesem Buch durch dich reflektiert werden dürfen. Darum hinterfrag alles, was ich schreibe, und stell es auf deinen Prüfstand. Denn es ist DEIN Leben und es sind deine Entscheidungen.

Niemals würde ich mir herausnehmen, zu behaupten, dass meine Wahrheiten für alle Menschen gelten. Ich möchte nur meine Erfahrungen weitergeben und dich dazu motivieren, selbst auf die spannende und ereignisreiche Entdeckung nach deiner ganz persönlichen Wahrheit zu gehen. Ich gebe dir Ideen, wie du selbst auf eine Entdeckungsreise gehst und wo du vielleicht fündig werden kannst. Denk immer – energetisch betrachtet – daran: Wer sucht, der sucht, und wer findet, der findet.

Du kannst selbst entscheiden, ob du auf dein dich unterstützendes Bauchgefühl hörst, deinen eigenen Weg zu gehen. Ich freue mich, wenn du durch diese Zeilen ins Handeln kommst. Egal, in welche Richtung dein Weg geht. Mir ist es wichtig, dass du weißt: Du kannst nichts falsch machen.

Dazu möchte ich dir Impulse geben und deine innere Stimme wecken, die dich dann auf deinen Weg führen darf. Auch im dritten Kapitel werde ich dir meine Erfahrungen, also meine Wahrheiten, an die Hand geben. Ich werde dir Tools und Techniken zeigen, mit denen ich persönlich super vorangekommen bin. Es kann aber sein, dass du nur einige davon wirklich gebrauchen kannst. Daher bitte ich dich wie gesagt, dir immer ein eigenes Bild zu machen und alles kritisch zu hinterfragen.

Bevor wir ins letzte Kapitel kommen, erzähle ich dir noch von einem für mich sehr prägenden Erlebnis im wilden australischen Regenwald! Sei gespannt!

Die Challenge im Regenwald

Das hier ist meine Geschichte, wie aus einer Spontanaktion meine bisher härteste körperliche und geistige Challenge wurde.

Als ich einst zu Besuch bei meinem Vater in Australien war, fragte er mich eines Tages, ob ich gemeinsam mit ihm, meiner Stiefmutter und meinen Halbbrüdern, sie in einen Nationalpark begleiten möchte. Ich sagte sofort zu und war voller Vorfreude, denn ich liebe Natur und Abenteuer. Zu diesem Zeitpunkt ahnte ich noch nicht, dass dies das Abenteuer meines Lebens werden sollte. Eines, das ich wohl meinen Lebtag nicht mehr vergessen werde.

Wir fuhren mit dem Auto in die Berge. Weiter oben lag ein schönes kleines Resort, in dem man gut campen konnte. Unser Plan war eine Wanderung durch den Regenwald. Fünf verschiedene Touren standen zur Auswahl, mit verschiedenen Längen und Natur-Attraktionen. Ich wollte unbedingt den Thanou-Wasserfall sehen, da dieser einfach ein Erlebnis für die Sinne ist. Um dorthin zu gelangen, hätte man die längste Route gehen müssen. Einen Rundwanderweg von etwa 18 Kilometern Länge, mit dem besagten Wasserfall etwa auf halber Strecke. Für diesen Weg wird eine Wanderzeit von ca. sechs bis sieben Stunden empfohlen. Diese Zeit hatten wir nicht, doch ich war wild entschlossen, diesen Wasserfall zu sehen. Kennt ihr solche Situationen, in denen euer inneres Kind auf den Tisch haut und sagt: „Ich will aber!“ Genau so eine Situation war das damals.

Mit der Aussicht, dass nach den ersten drei Kilometern sowieso eine Zwischenstation kommen sollte, machten wir uns auf den Weg. Nach einer Stunde hatten wir die besagten drei Kilometer zurückgelegt und erreichten die erste Station mit einem anderen Wasserfall. Die Natur war beeindruckend. Wunderschön. Einfach atemberaubend. Wir legten eine Ruhepause ein, knipsten ein paar Fotos und überlegten gemeinsam, ob wir noch weitergehen oder lieber umkehren sollten. Mein Vater war ziemlich skeptisch bezüglich der weiteren 15 Kilometer, da es bereits 15 Uhr war. Für die restliche Strecke hätten wir in diesem Tempo weitere sechs Stunden benötigt. Mein Vater und die restliche Familie entschieden sich, wieder zurückzugehen. Wir hätten nicht ausreichend Zeit und es würde auch bald dunkel werden, meinte mein Vater. Ich allerdings wollte unbedingt weitergehen und mein gestecktes Ziel für diesen Tag nicht aufgeben. Groß posaunte ich hinaus, dass ich in ein bis zwei Stunden durch wäre, da ich ganz einfach durchrennen würde.

An dieser Stelle begann mein persönliches Abenteuer. Ich ging allein weiter und hatte nichts dabei. Weder Wasser, noch eine passende Ausrüstung. Alles, was ich hatte, waren mein Handy für Bilder und Videos, meine Badehose, ein Funktionsshirt und billige Straßenschuhe. Nichts, mit dem man einen knappen Halbmarathon im Regenwald rennen sollte. Zu diesem Zeitpunkt trieb mich mein Wille voran und eine Logik war nicht vorhanden.

Die ersten Kilometer rannte ich voller Inbrunst und Motivation den Weg entlang. Es waren keine befestigten Wege, wie wir sie in Deutschland gewöhnt sind.

Es gab viele Hindernisse, Steine, Hügel, schmale Wege und ein Auf und Ab. Ich erreichte die ersten Naturschönheiten. Einen Baum, der wie aus einem Fantasy-Universum aussah. Einen Wasserfall mit atemberaubender Schönheit und vieles mehr. Es war einfach ein traumhaftes Erlebnis. Zunächst war alles sehr entspannt und es ging gut voran. Mein erster Schockmoment war ein Abrutschen von einem Hang, den ich hochgehen musste. Es hatte geregnet und alles war glitschig. Ich rutschte fast einen 50-Meter-Abgrund herunter und konnte mich an einem Ast gerade noch festhalten. Nachdem ich mich wieder hochgezogen hatte, wurde mir klar, dass das, was ich hier machte, ganz schön gefährlich war. Allein mitten im Regenwald, giftige Tiere, rutschige Erde, unübersichtliche Passagen. Mein Herz schlug schneller und meine Ausdauer ließ im Laufe der Zeit nach. Mein Fokus und meine Konzentration auf den Weg stiegen weiter an. Ich war aufgeregt und nervös zugleich. Nach einigen weiteren Kilometern erreichte ich den Thanou-Wasserfall. Geschafft. Ziel erreicht. Ich genoss erst einmal den sagenhaften Anblick dieses einmaligen Naturschauspiels. Nach einigen Minuten, viele Videos und Fotos später, realisierte ich, dass ich – wenn überhaupt – gerade einmal die Hälfte geschafft hatte. Es waren bereits knapp zwei Stunden vergangen und ich wusste, dass ich den Weg nicht, wie zuvor groß angekündigt, unter zwei Stunden schaffen würde.

Ich ging den Wanderweg weiter, ohne zu wissen, wo ich mich befand beziehungsweise wie lange es bis zum Resort noch dauern würde. Plötzlich war da ein riesiger „Blue Crayfish". Er stand mitten auf dem Weg und starrte mich an. Vielleicht denkst du dir jetzt: Was soll dir schon ein Regenwaldkrebs antun? Wenn du aber allein im Regenwald bist und das Tier nicht kennst, gehen dir alle möglichen Szenarien durch den Kopf. Ich wusste nicht, was ich tun sollte, und probierte, ihn zu verscheuchen.
Also warf ich einen großen Stein neben ihn, in der Hoffnung, dass er flüchten würde. Doch er bewegte sich nicht. Ich probierte es mit einem Stock, doch er zuckte nicht mal. Daraufhin entschloss ich mich, an ihm vorbeizugehen. Während ich mich langsam nach rechts bewegte, bewegte er sich langsam nach links. Wie bei einem Duell im Wilden Westen. Hätte ich nicht so viel Furcht gehabt, hätte ich lachen müssen. Als wir fast auf derselben Höhe waren, sprang ich schnell über ihn drüber und rannte weiter. Ich glaube, der Blue Crayfish hatte genauso viel Furcht wie ich, da seine Scheren nach mir schnappten.

Nachdem ich eine Weile bergauf und bergab gerannt war, ließen langsam meine Kräfte nach. Es fing an zu regnen. Ich wurde klatschnass, mein Bein blutete vom Abrutschen am Hang, meine Schuhe waren halb zerfetzt und später stieß ich meinen kleinen Zeh mit voller Wucht an einem Felsen. Da war gefühlt erst einmal Game Over. Ich wollte abbrechen. Ich wusste weder, wo ich mich befand, noch, wie weit ich vom Ziel entfernt war. Ich wusste nichts, außer dass es mir gar nicht gut ging.

Mir war kalt, ich hatte Durst, mein Bein brannte und mein Fuß schmerzte.

Zu allem Übel kamen nun auch noch Blutegel dazu, die sich an mir festsaugten. Was sollte ich machen? Ich humpelte weiter. Auch Knieschmerzen setzten irgendwann ein. Der Weg war uneben und steinig. Die nassen Blätter am Boden machten den Untergrund fast so rutschig wie Schmierseife.

Der Weg wurde enger und steiler. Als ich dachte, ich müsse doch kurz vorm Ziel sein, entdeckte ich einen Wegweiser, der mir erbarmungslos zeigte, wie weit es noch war: Ganze acht Kilometer hatte ich noch vor mir, ohne die geringste Ahnung, wie ich das schaffen sollte. Ich dachte eigentlich, dass ich schon längst über der Hälfte wäre. Ich war kurz davor, aufzugeben. Doch aufgeben in „the middle of nowhere"? An dieser Stelle machte es Klick und mein Wille setzte ein. Ich fing an, mich selbst aktiv zu motivieren. „Du schaffst das und hast schon ganz andere Sachen in deinem Leben bewältigt", sagte mir meine innere Stimme. Also ging ich weiter, setzte einen Schritt vor den anderen und blieb dabei im Positiv-Modus.

Irgendwann kam das Schild mit sechs Kilometern, dann eines mit fünf, dann vier. Unter normalen Umständen hätte ich diese Strecke zu diesem Zeitpunkt längst geschafft gehabt, doch das Wetter und der rutschige Boden machten jeden Schritt doppelt so schwer. Ich musste auf Schlangen achten und auf der Hut sein, um anderen Tieren auszuweichen, denn ich war ja mitten im Regenwald.

Schlussendlich erreichte ich das Resort und klappte erstmal erschöpft am Wegesrand zusammen. Als ich schließlich ankam, schloss mein Vater mich erleichtert in die Arme, dankbar, dass mir nichts passiert war. Ich hatte fast fünf Stunden gebraucht, war psychisch wie physisch durch Höhen wie Tiefen gegangen und hatte mich bis an das Ende meiner Kräfte gebracht. Es war eine Grenzerfahrung gewesen. Ich bin heute sehr dankbar dafür.

Teil 3: Der Ganzheitliche Weg

Schritt für Schritt

Um einen ganzheitlichen Weg sicher gehen zu können und für alle Hindernisse gewappnet zu sein, müssen Körper, Geist und Seele im Einklang sein. In diesem Kapitel wird es um die alltäglichen Themen gehen, die es zu meistern gilt. Jedes einzelne Kapitel ist für sich wichtig, obwohl ich dazu sagen möchte, dass der Fokus in diesem Buch auf den ersten zwei Kapiteln liegt, da diese für die meisten Menschen deutlich wichtiger sind. Deshalb gibt es hier nur meine Powertipps zu jedem Thema. Alle drei Kapitel bilden das Fundament, auf dem deine persönliche Balance von Körper, Geist und Seele aufgebaut ist. Bis jetzt ging es in den Kapiteln eins und zwei vor allem um den Geist und um die Seele. Nun soll es sich eher um deinen Körper und deinen Alltag drehen. Diese Reihenfolge war mir besonders wichtig, da die Gesundheit unseres Körpers fast immer ein Spiegel unserer Seele und unserer Gedanken ist.

Wir alle können einen menschlichen Körper unser Eigen nennen. Das ist unsere Daseinsform hier auf der Erde. Jeder in einem Körper geboren und weil der Körper „lange halten" soll, ist es ratsam, ihn bewusst zu hegen und zu pflegen. Dieser Körper, diese Ansammlung von Atomen, ist ein Wunder. Besser und genialer als jede Maschine, die je erfunden wurde.

Dein Körper ist das beste Instrument, das du zur Verfügung hast. Das Schöne ist, dass dein Körper jeden Tag mit dir spricht. Er sendet dir Signale, ob alles gut ist. Es ist der beste Sparringspartner, den du dir wünschen kannst.

Wie pflegt man nun seinen Körper? Worauf sollte man achten, was bedenken? Ich möchte in diesem Abschnitt über Ernährung, Bewegung und Stress sprechen sowie darüber, wie du deinen Körper mit Geist und Seele in Einklang bringst und hältst.

Bewusst habe ich mich für diese drei Aspekte entschieden, weil ich erlebt habe, dass alle drei Teile zusammenwirken. Ein erfolgreiches Leben funktioniert nur dann langfristig, wenn alles in Balance ist. Mein Buch soll kein Gesundheitsratgeber sein, denn davon gibt es wahrlich genügend auf dem Markt. Ich möchte dir nur die wirklich wichtigen, grundsätzlichen Aspekte aufzeigen, um die Zusammenhänge klarzumachen und dir einige Impulse mitzugeben. Um bei diesem Thema in die Tiefe zu gehen, rate ich dir, weiter zu recherchieren, einen Coach aufzusuchen oder Fachbücher zu lesen.

Sinnvolle Bewegung

Wer auf seinem Lebensweg erfolgreich sein möchte, der braucht was? Genau, einen gesunden Körper und einen gesunden Geist. Beide sind untrennbar miteinander verbunden. Beides gehört zusammen. Wenn du unbewusst versuchst, den Körper geistlos zu benutzen oder deine körperlichen Signale ignorierst, reagiert dein Körper schlimmstenfalls mit Krankheiten wie zum Beispiel Burnout, Magenschmerzen, Rückenprobleme, Erkältungen oder Durchfall. Wenn du eins dieser Symptome spürst, weißt du, dass du gerade zu weit von deiner Körper-Geist-Verbindung entfernt bist.

Um deinen Körper in der Form zu halten oder erst einmal in Form zu bringen, sodass er zuverlässig funktionieren kann, braucht er Bewegung. Bei dem Wort Bewegung denken viele Menschen sofort an Sport und Fitness. Aber keine Sorge, ich möchte dir keinen Trainingsplan auferlegen, sondern einen neuen Blickwinkel auf das Thema Bewegung eröffnen.

Wir leben in einer Zeit, in der sehr viele Menschen einem Schönheitsideal hinterherjagen und möglichst tolle Instagram-Bilder posten wollen. Ich sehe diese Entwicklung mit sehr gemischten Gefühlen, denn viele Menschen sind sogar bereit, dafür ihre Gesundheit aufs Spiel zu setzen. Sie lassen sich operieren, nehmen Medikamente oder hungern sich schlank. Das muss alles nicht sein.

Hingegen ist eine gute Entwicklung das neue Gesundheitsbewusstsein, das gerade viele Menschen für sich entdecken. Immer mehr Menschen ernähren sich vegetarisch oder vegan. Andere fangen an, darauf zu achten, woher das Fleisch, das sie essen, kommt. Die regionale Wirtschaft wird gestärkt, weil wieder mehr vom Bauernhof nebenan gekauft und saisonal gekocht wird. Natürlich gibt es viele Fitness-Influencer, die ihren Followern suggerieren wollen, dass mit ihren Programmen, ihrer Diät oder ihrer Ernährungsweise jeder Mensch auch einen tollen Body bekommt. Bitte versteh mich richtig: Ich finde es klasse, wenn Influencer einen gesunden Lifestyle vorleben. Aber was für den einen gilt, ist nicht automatisch für den anderen genau das Richtige. Jeder muss seinen Körper erst selbst kennen lernen und herausfinden, was für ihn oder sie richtig ist. Glaub bitte nicht alles, was du siehst, hörst oder liest. Hinterfrag ALLES! Auch diese Zeilen. Es muss sich für dich gut anfühlen. Nicht für mich oder für den Influencer.

Es ist mir enorm wichtig, diese Information in die Welt hinauszutragen. Ich kenne so viele, die sich verrückt machen, weil sie es mit einem gewissen Programm nicht schaffen wie ihr gewisses Vorbild auszusehen und daher glauben, mit ihnen stimme etwas nicht. So ein Quatsch. Dabei müssen sie einfach nur ihren eigenen Weg finden. Damit es für dich leichter wird, deinen individuellen Weg in Sachen Bewegung zu beschreiten, erzähle ich dir aus meiner Sicht und meiner Erfahrung etwas über sinnvolle Bewegung.

Es ist wichtig, dass du regelmäßige Bewegung in deinen Alltag einplanst. Damit meine ich nicht den Weg von der Haustür zum Auto, sondern das Einplanen wirklicher Aktivitäten wie Fahrradfahren, Gymnastik oder einfach eine Strecke zu gehen, anstatt sie mit dem Auto zu fahren. Entdecke für dich neue Möglichkeiten der Fortbewegung. Inlineskating, Fahrrad fahren, spazieren gehen, schwimmen, Trekking und vieles mehr, was dich begeistern könnte. Das ist nicht nur gut für deinen Stoffwechsel, sondern auch für die Umwelt, in der du lebst. In Bezug auf deine Gesundheit ist es effektiv, jeden Tag eine halbe Stunde spazieren zu gehen oder eine Erledigung mit dem Rad zu machen. Zweimal in der Woche ein Intensiv-Training im Fitnessstudio zu absolvieren und sich dann die restliche Woche nicht zu bewegen, ist definitiv nicht effektiv.

Eine weitere Möglichkeit ist es, regelmäßige kleine Pausen in deinen Tagesablauf einzubauen, in denen du verschiedene Übungen machst, um deine Gelenke, Muskeln und Sehnen beweglich zu halten. Das könnte zum Beispiel sein: Kopf und Gelenke in alle Richtungen sanft kreisen, ein paar Kniebeugen machen, die Wirbelsäule strecken, die Po-Muskeln an- und wieder entspannen. Während ich dieses Buch schreibe, stehe auch ich immer wieder zwischendurch auf, dehne und strecke mich. Solche schnellen, kleinen Übungen kannst du super in deinen Arbeitsalltag integrieren. Lass dich von deinem Smartphone oder deiner Smartwatch erinnern, wann es wieder Zeit ist, sich kurz zu bewegen. Wie oft du dich bewegst und wann spielt erstmal keine Rolle. Mach einfach.

Wenn du tagtäglich solche Übungen machst, ist das Verletzungsrisiko geringer, als wenn du zweimal in der Woche im harten Fitnesstraining alle Muskeln, Sehnen, Bänder und Gelenke überlastest.
Im Abschnitt „Komfortzone" habe ich die Homöostase erwähnt und es ergibt daher natürlich beim Muskeltraining Sinn, aus der Komfortzone herauszukommen. Doch das heißt nicht, dass du dich beim Training verletzen sollst. Das ist kontraproduktiv. Viele kleine Übungen sind bei untrainierten Menschen sehr viel effizienter als wenige große Übungen.

Mit regelmäßiger Bewegung steigert sich deine Mobilität. Viele Menschen vernachlässigen das und lassen damit eines der wichtigsten Tools, das sie haben, im Keller verstauben. Bewegung ist leider in vielen Köpfen negativ besetzt, weil sie mit kräftezehrendem Joggen, Ausdauertraining und schweißtreibendem Fitness gleichgesetzt wird. Da vergeht den meisten schon allein beim Dran-Denken die Lust und Motivation. Manche lässt das wiederum eher zu Höchstleistungen auflaufen oder ist für sie sogar pure Meditation. Laufen oder Joggen ist auch gar nicht für jeden geeignet. Warum? Weil die meisten „modernen" Menschen verlernt haben, ihren Körper einzusetzen. Früher sind Menschen im Durchschnitt ca. 20 bis 40 Kilometer am Tag gegangen, wenn sie zum Beispiel Nahrung gesammelt oder die Gegend ausgekundschaftet haben. Für sie war das normal. Das bedeutet, die komplette Körperstruktur hatte eine ganz andere Basis und Voraussetzung.

Mit solch einer Basis kannst du mit Leichtigkeit ein paar Kilometer joggen ohne Beschwerden.

Aktuell liegt die durchschnittliche Schrittzahl eines Büroarbeiters in Deutschland bei ca. 1500 am Tag. Hier würde ich erstmal sanftere Varianten wählen, um sinnvolle Bewegung in den Alltag zu integrieren. Fahrradfahren ist zum Beispiel viel besser für Bänder, Sehnen und Gelenke als joggen.

Man sollte es vermeiden, im Fitnessstudio Kurse zu besuchen, ohne überhaupt vorher seinen körperlichen Zustand sowie sein Fitnesslevel zu kennen. Wenn man als kompletter Anfänger zum Beispiel einen Yoga-Kurs besucht und weder Sehnen, Gelenke, Bänder, noch Muskeln –für teilweise anspruchsvolle Übungen – bereit sind, dann können sich beispielsweise die Sehnen in der Schulter entzünden. Bitte versteh mich richtig, ich liebe Yoga. Ich weiß nur, dass Yoga-Kurse für nicht trainierte Anfänger meistens nicht geeignet sind. Viele Yoga-Lehrer haben nicht die Zeit, bei allen Kursteilnehmern auf Details zu achten und Fehlstellungen zu korrigieren. Genauso verhält es sich in vielen anderen Kursen leider auch. Such dir Kurse aus, die zu deinem Fitnesslevel passen. Lieber Kurse mit weniger Teilnehmern, so dass der Lehrer auf Fragen eingehen kann und Zeit für dich findet.

Mach deinen Körper geschmeidig und beweglich! Mobilität steht meiner Meinung nach vor allem. Mobilität ist eine Mischung aus Kraft und Beweglichkeit.

Die Mobilität zielt darauf ab, die Kontrolle in allen menschenmöglichen Körperpositionen zu bekommen und diese zu halten. Sie bildet die Grundlage für die Gesundheit und jeden Leistungssport, den du ausüben willst.

Wann hast du das letzte Mal eine Hocke gemacht? Wann hast du zuletzt deinen Kopf so richtig zum Himmel gestreckt? Wann hast du das letzte Mal deinen Kopf weit nach rechts und links geneigt? Wann hast du das letzte Mal deine Wirbelsäule gestreckt?

Fang am besten noch heute mit dem Mobilitätstraining an. Wenn du Anregungen für Mobilitäts- und Stabilitätstraining benötigst, dann komm gerne auf meinen YouTube-Kanal „Hilz Lifestyle". Dort habe ich die sogenannten „CARs" – ein Mobilitätsprogramm für den ganzen Körper – als Routine für dich aufgenommen. Hilz Lifestyle ist mein erstes Business und wird mittlerweile von meinem Team geführt.

Ausbalancierte Ernährung

Ernährung ist eine meiner früheren großen Leidenschaften und dennoch schreibe ich in diesem Buch nicht im Detail darüber, da der Fokus ganz klar auf der Persönlichkeitsentwicklung liegt. Ich weiß allerdings aus meiner Erfahrung, dass es schwer ist, zum Thema Ernährung pauschale Aussagen zu tätigen, denn jede Person braucht eine individuelle Ernährung. Darum ist es mir wichtig, dass du, wenn du ein Ernährungsproblem hast, zu einem Experten gehst und dich betreuen lässt. Bitte verzichte auf Diäten, Ernährungsratgeber oder irgendwelche Geheimtipps. Ich möchte dir in diesem Abschnitt mein grundlegendes Wissen weitergeben und dich motivieren, dich im Anschluss eigenständig weiter mit dem Thema auseinanderzusetzen. Übrigens habe ich ein Mini-Buch zu diesem Thema mit insgesamt 20 Tipps erstellt, in dem ich dir die absoluten goldenen Nuggets erkläre. Egal, wo du dich gerade befindest oder was dein Ziel ist, diese 20 Tipps kannst du IMMER für ein besseres Wohlgefühl anwenden. Wenn du magst, dann schau gerne mal in meinem Shop vorbei.

jonashilz.com/shop-mit-herz

Ich möchte dir meine Geschichte erzählen, damit du besser nachvollziehen kannst, was für mich eine gesunde Ernährung bedeutet. Als Jugendlicher habe ich mich wenig für dieses Thema interessiert. Ich habe alles gegessen, auf was ich Lust hatte. Mein Körper signalisierte mir damals bereits die ersten Anzeichen von Problemen: Blähbauch, Völlegefühl, schmierigen Stuhl, Sodbrennen und viele weitere kleine Anzeichen. Aber ich ignorierte alle. Ich kannte es nicht anders und dachte, dass das normal sei und jeder andere hätte das auch. Als ich mich das erste Mal – durch meine Ausbildung zum Sport- und Gymnastiklehrer – mit dem Thema Ernährung beschäftigte, begriff ich, was alles dahintersteckte. Mit der Gründung von meinem ersten Unternehmen Hilz Lifestyle war für mich klar, dass ich tiefer in diese Materie einsteigen möchte. Somit testete ich alles, was ich zu diesem Thema fand. Im Laufe der Zeit probierte ich unterschiedliche Diäten aus, nahm jedes Nahrungsergänzungsmittel ein, kochte alle möglichen Rezepte, bestellte mir sogenannte Super Foods und vieles mehr. Es wurde anstatt besser immer schlimmer. Meine Blutwerte verschlechterten sich trotz Krafttraining. Mein Kopf arbeitete rund um die Uhr: „Was mache ich falsch? Darf ich das überhaupt noch essen?“ Schlechtes Gewissen plagte mich. Die Schokolade verfolgte mich in meinen Träumen. Ich zählte Kalorien, probierte Ernährungspläne von anderen aus. Teilweise hatte ich immer wieder Erfolge mit meinen Vorgehensweisen, aber so richtig langfristig funktionierte nichts.

Entweder ich kam mit dem Konzept nicht klar, hatte keine Lust, nur noch dieses oder jenes Lebensmittel zu essen, oder mein Zustand verschlechterte sich immer weiter. Ich fing an weiterzuforschen und entdeckte irgendwann eine Firma, die mir zeigte, dass es auch anders geht. Es geht mit einer Balance, Intuition und einem auf jeden einzelnen Menschen individuell angepassten Konzept.
Ich entspannte mich immer mehr, entdeckte, was für mich funktionierte, und konnte dieses Konzept auch auf andere Menschen anpassen, da es immer wieder veränderbar war. Genauso, wie es für die Person mir gegenüber Sinn machte.

In diesem Abschnitt möchte ich dir den Druck zu diesem Thema rausnehmen. Für mich ist eine gesunde Ernährung individuell und intuitiv. Damit man seine Intuition wieder kennen lernt, bedarf es bei den meisten eines gewissen mentalen und emotionalen Prozesses. Bei den meisten sagt nämlich die Intuition: „Nuss-Nougat-Creme“ und diese hat nichts mit Intuition zu tun. Achte darauf, was dein Körper WIRKLICH benötigt.

Kennst du deine Blutgruppe? Die Blutgruppe ist Teil deiner DNA und ich bin ein großer Freund davon, ein Stück weit nach seiner DNA zu leben. Ich glaube, eine Mischung aus DNA und der persönlichen Entwicklungsgeschichte ist die perfekte Mischung, um ein gesundes und vitales Leben zu leben. Die Blutgruppe beeinflusst meiner Meinung nach sehr stark, was dein Körper braucht. Wenn du zum Beispiel zur Blutgruppe 0 gehörst, dann besitzt du viele proteinaufspaltende Enzyme.

Das heißt, für Blutgruppe-0-Menschen kann eine kohlenhydratarme Ernährungsweise sinnvoll sein.

In dieser Ernährungsweise, sind vor allem Kohlenhydrate wie Obst, Gemüse und Wurzeln interessant. Solche Kohlenhydrate sind für Menschen mit der Blutgruppe 0 gut und energiespendend. Für diese Blutgruppe sind Lebensmittel wie Kartoffeln, Nudeln mit Weizen und vor allem Kuhmilchprodukte eher kontraproduktiv. Reis ist okay, Fette nur in moderaten Mengen. Teste es aus. Wie sagt man? Probieren geht über Studieren.
Also, zusammenfassend benötigt die Blutgruppe 0 viele Proteine, wenig Kohlenhydrate und eine moderate Fettmenge.

Bei der Blutgruppe A gelten im Grunde genau die entgegengesetzte Empfehlung. Hier sind viele Kohlenhydrate empfehlenswert und wenige Proteine ratsam, weil Blutgruppe A eben nicht jene proteinaufspaltenden Enzyme hat. Natürlich hängt dies immer noch von weiteren Faktoren ab, aber wenn du als Blutgruppe-A-Mensch gerne Kuhmilchprodukte konsumierst, dann probiere gerne mal aus, eine Woche lang keine zu trinken. Du wirst ein wahres Wunder erleben. Probiere vergleichsweise eine pflanzliche Alternative aus.

Für Menschen mit der Blutgruppe B ist es sehr wichtig, sich ausgeglichen zu ernähren. Hier darf der Fettanteil etwas höher sein, und an Proteinen und Kohlenhydraten sollte so jemand etwa die gleiche Menge aufnehmen. Für Blutgruppe B ist abwechslungsreiches Essen wichtig.

Blutgruppe AB ist einfach eine Mischung A und B. Sie können grundsätzlich alle Lebensmittel sehr gut verstoffwechseln und sollten einfach nur nicht von einem zu viel, also ausgeglichen, essen.

Das ist wirklich super pauschal und soll für dich nur ein Anhaltspunkt sein. Vielleicht ist es ja spannend und vor allem hilfreich, das einmal auszuprobieren. Ich habe die Erfahrung gemacht, dass die meisten Menschen, von Natur aus, die für sie richtige Ernährungsweise wählen und nur ein paar Stellschrauben gedreht werden müssen. Es ist mittlerweile einfach klar: Wir müssen die Genetik und Epigenetik unseres Körpers berücksichtigen.

Solltest du eine Krankheit, Beschwerden oder ein bestimmtes Ziel haben, das du durch die Ernährung erreichen möchtest, dann möchte ich dich bitten, zu einem Gesundheitsexperten zu gehen. Es ist nicht empfehlenswert, durch das Internet zu surfen und eine Diät nach der anderen auszuprobieren. Du kannst mit diesen Diäten dauerhaft deinen ganzen Stoffwechsel durcheinanderbringen und mehr Schaden anrichten, als dir lieb ist.

Es geht um deine eigene persönliche Lebenszeit. Sie ist zu kostbar, um sie zu verschwenden.

Wenn ich eines Tages sterbe, dann möchte ich auf meinen Lebensweg zurückblicken und sagen: „Hey Jonas, das war ein richtig geiles Leben, das du da gelebt hast. Du hast nicht nur genommen, du hast alles aufgesaugt und es wieder zurückgegeben. Du hast jeden Tag deines Lebens auf deine Vision hingearbeitet und jetzt darfst du den Planeten in Harmonie verlassen. Jetzt darfst du ins nächste Leben oder wohin auch immer gehen." Das möchte ich dir persönlich mitgeben: Egal, was deine Wünsche und Träume sind, egal, welche Ziele du verfolgst und wie viel Geld du verdienen willst, mach etwas Spektakuläres aus deinem Leben und GIB auch zurück!

Spar nicht an den falschen Stellen und gib dein Geld gleichzeitig nicht für sinnlose Konsumgüter aus. Investier lieber in deine Gesundheit. Das ist meine persönliche Wahrheit. Die muss für dich nicht richtig sein, doch wie ich im ersten Kapitel schon erklärt habe, steht das ICH im Zentrum unseres Wirkungskreises.

Solange das ICH gesund ist und eine positive Energie hat, kann es großartig wirken und wahrlich Spektakuläres schaffen. Krankheiten rauben Energie und reißen uns aus dem Energiefluss raus. Krankheiten haben immer eine Botschaft für dich. Was stimmt gerade nicht in deinem System? Fang an, diese Botschaften zu lesen, zu verstehen und zu beantworten.

Wenn du gesund und in deiner Kraft bist, kannst du klaren Geistes und vollen Mutes ins Außen gehen, Erfolg haben, ein Business aufbauen und investieren. Denn was ergibt es für einen Sinn, ein Haus zu kaufen und wegen der Kreditzahlungen 30 Jahre kein Geld für die eigene Gesundheit sowie genug Zeit für Entspannung, Bewegung, Freizeit, gute Ernährung und Auszeiten zu haben? Das alles ist so wichtig für deine Lebensqualität und Ausgeglichenheit.

„Er opfert seine Gesundheit um Geld zu verdienen.
Dann opfert er sein Geld um seine Gesundheit zurück zu bekommen.

Er ist so auf die Zukunft fixiert, daß er die Gegenwart nicht genießen kann.

Das Ergebnis ist, daß er weder die Zukunft noch die Gegenwart lebt.

Er lebt so als würde er niemals sterben und er stirbt so als hätte er niemals gelebt".

Dalai Lama

Wo kaufst du deine Lebensmittel? In der Regel ist es immer besser, regional zu kaufen. Es ist schonender für die Umwelt, weil die Transportwege kürzer sind. Und es ist besser von der Genetik der Lebensmittel her, da sie mehr mit deiner Genetik übereinstimmen, wenn sie aus dem gleichen Land stammen. Wenn man Lebensmittel aus dem Ausland isst oder generell welche, die von weiter herkommen als aus der eigenen Region, kann es sein, dass man sie nicht verträgt. Das hat oft damit zu tun, dass wir nicht dort geboren sind und der Körper die Genetik der Speisen nicht einordnen kann.

Eine Info, die du vielleicht noch nicht kennst: Viele Lebensmittel haben Konservierungsstoffe. Diese erhöhen die Haltbarkeit. Wenn wir sie allerdings mit unserer Nahrung aufnehmen, heißt das gleichzeitig, dass Bakterien (die auch mit der Nahrung aufgenommen werden) in unserem Körper länger leben. Normalerweise werden Bakterien ja im Darm zersetzt, aber durch die Konservierungsstoffe verlängert sich das Leben dieser Bakterien und sie können uns schaden.

Achte darauf Lebensmittel zu kaufen mit keinen Konservierungsstoffen.

Und noch ein Tipp: Wenn es ums Essen geht, hör immer auf dein Bauchgefühl (deine Intuition). Im wahrsten Sinne des Wortes. Dein Körper weiß intuitiv, was du gerade brauchst. Uns ist nur das rechte Gefühl für Essen verloren gegangen, weil es von allem zu viel gibt. Wenn du zum Beispiel Heißhunger auf Schokolade hast, fehlt dir wahrscheinlich Magnesium.

Schokolade gibt es dir, allerdings in zu geringen Mengen. Und wenn der Zucker, der auch zuhauf drin ist, verarbeitet ist, kommt der Heißhunger zurück. Wenn du Lust auf Chips hast, kann es sein, dass dein Körper Natriumchlorid möchte, also Salz braucht. Lass doch die Chips im Schrank und iss gut gesalzenes Gemüse. Wie du siehst, ist es relativ einfach, unseren Körper auszutricksen.

Jeder von uns kann lernen, wieder mehr auf seinen Körper zu hören. Fühlst du dich nach einem Essen leicht oder wirst du müde und fühlst dich schwer und voll? Hör einfach zu! Dein Körper weiß, was gut für dich ist. Es ist keine gute Lösung, das Völlegefühl des schlechten Essens durch einen Espresso nach dem Essen zu vertuschen.
Versuch beim nächsten Mal, anders, weniger, sinnvoller zu essen und danach auf das Gefühl zu achten. Dein Körper zeigt ganz klar, nach welchen Mahlzeiten er sich voller Energie fühlt. Nach welchem Lebensmittel hast du Energie und nach welchem bist du k. o.? Um das herauszufinden, solltest du deine Lebensmittel in einer Mahlzeit (zum Beispiel in einem Salat) erst einmal trennen, da du bei einem Völlegefühl nicht weißt, ob es an dem Joghurt-Dressing (Kuhmilch) oder der Paprika (Nachtschattengewächs) liegt. Nicht bei allen Menschen sind die Unverträglichkeiten gleich, darum sollte jeder für sich selbst Sorge tragen.
Teste dich Schritt für Schritt durch deinen Speiseplan und filtere heraus, was für dich angenehm ist und was nicht. Je mehr du nach innen hörst und auf dein Bauchgefühl achtest, desto besser verstehst du deinen Körper und das, was er braucht.

Regenerativer Schlaf

Regenerativer Schlaf ist wichtig, um leistungsfähig zu bleiben. Das ist nicht zu unterschätzen. In der Nacht braucht der Körper Zeit, um zu regenerieren. Gib sie ihm. Als Dank kannst du dann am Morgen voller Energie aufstehen. Wenn das nicht so ist, machst du möglicherweise ein paar Fehler im Laufe des Tages beziehungsweise kurz vorm Schlafengehen, die du vermeiden könntest.

Auf deinem Lebensweg gibt es immer wieder Momente, in denen du dich ausruhen musst, um Kraft zu tanken für die nächsten Schritte. Egal, wo du dich gerade auf dem Weg befindest, sobald du müde wirst, ruh dich einfach genau an dem Ort aus, an dem du dich gerade befindest. Es kann auch mal mittags sein oder ein früher Abend, an dem du müde wirst. Folge einfach deinen Impulsen und spür hinein, wie du dich fühlst.

Unser Schlaf läuft in einem Zyklus ab, der sich in mehrere Phasen unterteilt. Wir haben eine Einschlafphase (finden sich Alpha Wellen), leichte Schlafphase (finden sich Theta Wellen) und Tiefschlafphase (finden sich Delta Wellen). Dazu kommt noch die sogenannte REM Phase (In dieser träumen wir). Mir geht es in diesem Abschnitt nicht um die einzelnen Phasen, sondern um den Gesamtzyklus, der sich immer wieder in einem 90 Minuten Rhythmus wiederholt. Umso besser dein Schlafzyklus ist, umso besser ist deine Verarbeitung, Regeneration und dein Lernen in der Nacht.

Ein Zyklus geht in der Regel 90 Minuten und am einfachsten wachen wir in der Phase REM oder in der Einschlafphase auf.

Das ist der Moment, wenn du entspannt und erholt aufwachst. In der Tiefschlafphase geweckt zu werden (zum Beispiel durch einen Wecker) ist weder schön, noch sinnvoll. Das ist der Moment, wenn du dich kaputt und schlapp fühlst. Achte darauf in welcher Phase du aufwachst, denn der Zeitpunkt des Erwachens lässt sich super leicht ausrechnen. Wenn du weißt, dass wir alle 90 Minuten in der Phase sind, in der es einfach ist aufzuwachen, stelle ich mir dementsprechend den Wecker. In dem Moment wo du einschläfst, rechnest du immer in 90 Minuten Schritten bis zu dem Zeitpunkt an dem du aufwachen willst. Zum Beispiel, du musst um acht Uhr an deinem Arbeitsplatz sein und willst um elf Uhr ins Bett gehen. Addiere deine Einschlafzeit, die beim Durchschnittsbürger elf bis dreißig Minuten dauern kann, mit dazu. Angenommen du benötigst 15 Minuten für dein Einschlafen, dann rechnest du ab diesem Zeitpunkt in 90 Minuten Schritten, bis zu deinem geplanten Erwachen. In diesem Fallbeispiel macht es Sinn, sieben Stunden und dreißig Minuten zu schlafen, damit du um 6:45 Uhr erholt erwachst und somit genug Zeit hast, um dich fertig zu machen für deine Arbeit. Schläfst du einen weiteren Zyklus (90 Minuten), dann schaffst du es nicht rechtzeitig zu deinem Arbeitsplatz.

Lass uns gemeinsam etwas genauer hinschauen. Es reicht nicht, nur seine Schlafphasen zu planen, sondern auch das Umfeld für einen guten Schlaf zu schaffen. Dein Schlafumfeld, Schlafraum, deine Bettausstattung oder die Magnetfelder um dich herum spielen eine elementare Rolle für deinen Schlaf und die Regeneration. Hier kommen meine Powertipps für einen besseren Schlaf. Die meisten wirst du bereits kennen, aber befolgst du sie auch? Für frische Luft, lüfte vorm Schlafengehen dein Zimmer.

Mindestens zehn Minuten. Ist es im Raum dunkel? Schläfst du im Mondlicht oder brennen fünf künstliche Lichter im Raum, da du sonst nicht schlafen kannst? Mondlicht oder Dunkelheit sind am besten geeignet.

Worauf schläfst du? Zwischen dir und dem Fußboden sollte – falls möglich –, getrennt durch das Bett, ein Abstand von mindestens 35 Zentimetern sein, um die Staubbelastung in Bodennähe für deine Atemwege zu minimieren.

Aufgrund des Erdmagnetfeldes und dessen Einflusses ist es außerdem empfehlenswert, darauf zu achten, dass das Kopfteil des Bettes in Richtung Norden und das Fußteil in Richtung Süden zeigt. In Studien des Max-Planck-Institutes für Biochemie wurde die Bedeutung des Erdmagnetfeldes für die Schlafrichtung bereits vor mehr als zwanzig Jahren erforscht. Fakt ist, dass das natürliche Erdmagnetfeld sowohl den Körper als auch den gesunden Schlaf beeinflusst.

Vielleicht denkst du jetzt, dass das doch alles völlig übertrieben sei. Kann schon sein, aber probiere es einfach mal aus. Du wirst begeistert sein.

Ein Schlafzimmer sollte idealerweise eine Raumtemperatur von 16-18°C sowie eine Luftfeuchtigkeit von 50-60 % haben. Es empfiehlt sich zudem, alle elektronischen Geräte wie beispielsweise Fernseher, Computer, aber auch andere Geräte aus dem Schlafzimmer zu verbannen oder zumindest über Nacht vom Netz zu trennen. Der Elektrosmog beeinträchtigt deinen Schlaf und hemmt die regenerativen Prozesse.
Dasselbe gilt auch für WLAN. Ausmachen in der Nacht! Ein weiterer Tipp sind sogenannte Blaulichtbrillen, die gewisse, für unser Auge anstrengende Lichtwellen herausfiltern, falls du doch gerne abends eine Serie schauen willst. Drei Stunden vor dem Schlafengehen solltest du nichts mehr essen beziehungsweise maximal etwas Leichtes, wie zum Beispiel eine Suppe.

Das waren meine Powertipps für einen guten und erholsamen Schlaf. Natürlich kannst du noch dein Bett oder deine Matratze ersetzen und viele weitere Aktionen durchführen, die deinen Schlaf positiv beeinflussen, aber ich bin ein Freund von schnell umsetzbaren Tipps, für ein direktes Anwenden. All diese Tipps kannst du noch heute umsetzen. Das ist die Basis des ganzheitlichen Wegs, da eine gesunde Ernährung nicht viel bringt, wenn der Schlaf unstimmig ist.

Stress

Wie du sicherlich weißt, hat Stress unterschiedliche Wirkungen: Er kann dich entweder positiv stärken und in einen leistungsstarken Zustand versetzen, was wiederrum wichtig ist, wenn du deine Komfortzone erweitern willst. Auf der anderen Seite führt belastender, emotionaler und lang andauernder Stress zu Gesundheitsproblemen und vielleicht sogar zu komplettem Leistungsausfall. Der Stress, der durch Faktoren, Situationen und Umstände erzeugt wird ist individuell und subjektiv.

Wir Menschen haben eine natürliche Stresstoleranz. Das ist natürlich, bei jedem individuell und auch notwendig, sonst hätten wir bei jeder Kleinigkeit ein Burnout.

All deine emotionalen Erlebnisse werden in der Nacht verarbeitet. Darunter auch stressige Erlebnisse. Erst bei Überschreiten dieser Stresstoleranz kann unser Gehirn diese Erlebnisse nicht mehr sauber verarbeiten und werden dann als negativ in unserem Gehirn (limbisches System) abgestempelt, einsortiert und gespeichert. Ähnliche Situationen lösen hier wieder ähnliche Reaktionen hervor, die in einem Teufelskreis enden.

Ich möchte eine Geschichte teilen. Sie gibt mir jedes Mal, wenn ich an sie denke, Impulse, um meine tägliche Geschwindigkeit, Geduld, mein Selbstbild neu zu überdenken und wann es richtig ist zu wachsen, zu handeln, zu lernen und zu entspannen.

Es gab da diesen alten Herren. Er saß oft an dem Waldsee in der Nähe seines Hauses, wenn er sich ausruhen und erholen wollte. Eines Tages beobachtete er interessiert, wie sich eine Libellenlarve, die kurz vor dem Schlüpfen war, aus dem Wasser zog und anfing, sich langsam, aber behutsam aus ihrer Haut zu pellen. Sie drückte sich Stück für Stück – immer nur ein kleines Stückchen weiter – aus der Haut heraus. Zwischendurch machte sie eine kurze Pause. Der alte Herr beobachtete das eine ganze Weile und dachte bei sich, er würde der Libelle gern diese mühevolle Arbeit ersparen. Deshalb nahm er sich ein Herz und zog sie sanft aus ihrer Haut heraus.

Mit dem Bewusstsein, eine gute Tat vollbracht zu haben, ging er nach Hause. Für die Libelle allerdings war das keine gute Tat, denn sie musste fortan durch die Welt kriechen statt leicht und beschwingt zu fliegen. Was der alte Mann nicht wusste: Eine Libelle drückt, wenn sie sich aus ihrer alten Haut schält, bei jedem noch so kleinen Stück, etwas Flüssigkeit aus ihrem Körper in die Kapillare ihrer Flügel. Dazu braucht sie den Druck der engen Hülle. Ohne sie ist es nicht möglich. Nur durch die Flüssigkeit in den Flügeln können diese wachsen und sich in voller Pracht entfalten. Erst nach der Enthäutung sind sie zum Fliegen bereit.

Druck oder ein Gefühl von Enge und Langsamkeit in unserem Leben hat manchmal auch seine guten Seiten.

Darum betrachte Druck erst einmal als Freund und entscheide erst anschließend, ob er für dich angenehm ist oder nicht. Dann kannst du dich immer noch davon lösen. Ist es nicht fantastisch, dass jeder von uns ein Individuum ist und für sich überprüfen kann, ob diese Vorgehensweise zu einem passt? Du kannst ein völlig eigenes Tempo in deinem Leben bestimmen.
Das Leben ist eines auf keinen Fall: Ein Wettrennen. Jeder Mensch macht auf seinem Lebensweg eigene Entwicklungen durch, immer in seinem eigenen Tempo. Abkürzungen machen selten Sinn und oft führen sie sogar eher zu einem Rückschlag, als dass sie einen nach vorne bringen. Eine „Abkürzung" kommt genau zum richtigen Zeitpunkt und ist somit – objektiv betrachtet – keine Abkürzung mehr, sondern Teil deines Lebensweges. Es geht in unserem Leben vor allem darum, wie wir mit dem Stress umgehen und nicht darum, ihn zu vermeiden. Alle Menschen die wir treffen, Begegnungen die wir haben, Orte die wir bereisen, Jobs die sich uns anbieten, kommen alle zum richtigen Zeitpunkt. Genau dann, wenn es sein soll.

Situationen erzeugen keinen Stress sondern du erzeugst Stress in die Situation. Du klebst das Etikett auf die Flasche. Wie gehst du mit Situationen um, die dir „nicht behagen"? Was macht das mit dir, jetzt, wo du weißt, dass du verantwortlich für deinen Stress bist?
Wenn das Wort „Stress" dich bereits stresst, dann ist es höchste Eisenbahn, etwas in deinem Leben zu verändern. Lerne dich SELBST zu führen. Du bist selbstverantwortlich in deinem Leben.

Meditation

Früher habe ich bei dem Wort „Meditation“ genauso die Augen verdreht wie du früher vielleicht auch. Vielleicht meditierst du auch bereits viele Jahre und konntest bereits viele Erkenntnisse daraus ziehen. Heute ist Meditation eines der wichtigsten Tools auf meinem Lebensweg. Ich nutze sie regelmäßig, um immer wieder in meine Mitte zu kommen. Du erinnerst dich, wie wichtig es ist, mit der Welt in Einklang zu sein und das Prinzip von Energie zu verstehen. Genau dabei hilft Meditation: Du siehst, während du meditierst, die Welt um dich herum nicht mehr nur in Bildern, sondern nimmst sie als Energien in den verschiedensten Formen, Farben und Klängen wahr.

Um dort hinzukommen, braucht es sicher etwas Übung – keine Frage. Es gibt Apps, YouTube-Videos und andere Programme, die dich dabei unterstützen können. Es gibt geführte Meditationen, die dir am Anfang leichter fallen werden, falls du damit noch nie in Berührung gekommen bist. Falls du bereits fortgeschrittener bist, weißt du um den Effekt von Meditationen.

Meditation bedeutet übrigens nicht nur, im Schneidersitz zu sitzen und meditative Musik zu hören, sondern viel mehr. Das ist eine Variante, die durchaus weit verbreitet ist und auch funktioniert.

Dennoch kann Meditation alles sein: Einen schönen Sonnenuntergang anschauen, die funkelnden Sterne betrachten, Joggen, Tanzen, Fahrradfahren in der Natur, am Strand spazieren gehen. Im Prinzip alles, was monoton ist und uns in eine Art Trance bringt.

Darum geht es bei der Meditation. Nach innen zu tauchen, das Innere zu erforschen, sich seinen Ängsten zu stellen und gestärkt wieder nach außen zu gehen. Meditation ist das weibliche Prinzip und bildet – richtig angewendet – ein starkes Fundament und „Ver-Trauen".

Meine Empfehlung: Lieber öfter kurze (fünf bis fünfundzwanzig Minuten) Meditationen am Tag, als einmal pro Woche zwei Stunden. Meditation bedeutet auch, seinen Tag immer bewusster und bewusster wahrzunehmen. Es bringt wenig, einmal am Tag für dreißig Minuten in deine innere Welt abzutauchen und dann die restlichen Stunden des Tages wie ein Zombie dahinzuvegetieren. Finde einen für dich passenden Rhythmus. Finde Aktivitäten / Hobbies die deine Meditation unterstützen.

Intelligente Selbstbestimmung

Sich selbst und die eigenen Aufgaben so zu managen, dass sie zum Erfolg führen, ist die Königsdisziplin, um deinen Lebensweg gut und erfüllend zu bestreiten. Noch ein paar Worte zum Thema Selbstmanagement: Auf meinem Lebensweg habe ich immer wieder mit meinem Selbstmanagement gehadert, mich aber stets weiterentwickelt, und heute bin ich froh, die Führung von mir selbst übernommen zu haben. Ein selbstbestimmtes Leben zu führen. Dazu benutze ich einige Planungstools und Apps, die mir dabei helfen.

Ich selbst mag es, nur wenige Termine im Kalender stehen zu haben beziehungsweise eine gesunde Mischung. Andere wiederum benötigen zum Beispiel immer einen vollen Terminkalender, da sie sonst sich selbst verlieren. Manche mögen es, ihre Zeit komplett zu verplanen, andere brauchen freie Zeit im Kalender, um im Laufe des Tages kreativ zu sein und spontan Termine zu vereinbaren.

Die meisten Menschen sind in ihrem Leben leider fremdbestimmt. Je mehr du selbstbestimmt lebst und die Führung in deinem Leben übernimmst, umso weniger bist du anfällig für Fremdbestimmung von Menschen, Situationen oder Vorfällen.

Meine persönliche Methode bei meinem Online-Kalender ist, dass ich für unterschiedliche Aufgabentypen unterschiedliche Farben einstelle, sodass ich übersichtlich sehe, wie viel Zeit ich jeden Tag für Freizeit und Business nutze. Auch mein Team hat eigene Farben.

Meine To-Do-App nutze ich jeden Tag, da hier meine Aufgaben nach dem Eisenhower-Prinzip eingeteilt sind (siehe Abschnitt „Zeit"- und Selbstmanagement"). Was ich an der App so liebe, ist, dass ich Erinnerungen und Terminwiederholungen einstellen kann. Das macht die Integration von täglichen Routinen einfacher.

Wichtige Erinnerungsnotiz für dich: „Zeit"-Management gibt es nicht. Es gibt nur das Selbstmanagement, da Zeit relativ ist. Es geht immer um das Selbst, nie um die Zeit. Ich nutze Apps wie zum Beispiel *Google Kalender* und *Microsoft To Do´s*.

Beruf

Das ist ein weit verbreiteter Irrtum, dass ein Mensch sein ganzes Leben lang den gleichen Beruf ausüben muss. Dieser Irrglaube wird schon in der Schulzeit vermittelt, wenn Kinder gefragt werden, was sie mal werden wollen. Sich als Kind schon auf einen Beruf oder ein bestimmtes Tätigkeitsgebiet zu beschränken, engt die natürliche Neugier extrem ein. Außerdem wird vermittelt, dass das Kind ja noch gar nichts ist. Das Kind ist doch schon „wer", warum muss es erst noch „etwas werden"? Viel zu früh muss man sich als junger Erwachsener für einen Ausbildungs- oder Bildungsweg entscheiden. Da helfen auch die wenigen Schulpraktika, die man machen kann, nicht wirklich etwas. Wir haben eine innere Stimme, die in uns verankert ist und uns bereits die berufliche Richtung weist. Beruf, kommt von „Be-Ruf-ung" beziehungsweise „berufen". Du bist für etwas berufen hier auf diesem Planeten zu „TUN".

Was ist dein Ruf?

Ich möchte dich dazu einladen, an dieser Stelle mal bewusst deinen Berufsweg zu überdenken. Tust du im Moment das, wonach dein Herz strebt? Oder kommst du gerade einmal so über die Runden und machst einen Job, für den du morgens nicht gerne aufstehst? Versteh mich bitte richtig, wenn du bereits machst, was du liebst – perfekt! Ich kenne allerdings so viele Menschen, die in ihrem Job todunglücklich sind, aber trotzdem nichts ändern.

Oder all die, für die ihr Job zwar „okay" und „machbar" ist, die aber in der Tiefe eigentlich einen anderen Ruf spüren und sich nicht trauen, für ihre Träume zu gehen. Dabei ist es einfach nur unsinnig, in einem Job zu bleiben, der keinen Spaß macht. Wir haben in Deutschland die Freiheit, alle möglichen beruflichen Tätigkeiten auszuprobieren. Was würdest du gerne machen, ausprobieren, testen, lernen und in welchen Berufen mal hineinschnuppern? Tu es einfach! Find Wege und Möglichkeiten, es zu tun. Du hast nur ein Leben mit diesem Körper! Also gönn es dir, glücklich zu sein. Und dazu gehört definitiv auch ein Job, der dich glücklich macht!

Meine Empfehlung für dich: Schreib dir hierzu gerne auf, was dir alles Spaß macht, welche Berufe dich begeistern würden und was deine Werte sind. Kannst du dich mit der Firma überhaupt identifizieren?

Soziales Umfeld

„Du bist der Durchschnitt der fünf Personen, mit denen du am meisten Zeit verbringst."

Jim Rohn

Ich habe bereits darüber geschrieben, wie wir unsere Energien mit anderen Menschen austauschen. Das kann uns gegenseitig positiv bereichern, aber auch emotional und energetisch runterziehen. Es liegt nun natürlich sehr nahe, darüber nachzudenken, mit wem du deine wertvolle Zeit verbringst.

Vom US-amerikanischen Unternehmer Jim Rohn habe ich gelernt, dass ich mir Menschen für mein Umfeld suche, die bereits dort sind, wo ich hinwill. Oder ich wähle, meine Zeit mit Menschen zu verbringen, die das Gleiche vorhaben wie ich. Das war einer der besten Ratschläge, die ich je bekommen und die ich auf meinem Lebensweg immer berücksichtigt habe. Was kannst du verändern in deinem Umfeld? Meistens verändert sich dein Umfeld ganz von alleine, wenn du dich mit der Frage konfrontierst: „Wer will ich sein?" oder auch „Was für ein Mensch will ich sein?".

Bedenke, dass du auch in dem Umfeld von anderen einer der fünf sein kannst. Deswegen ist auch hier wieder der erste Schritt, sich selbst zu verändern und nicht versuchen, die anderen zu verändern.

Verhalte dich, denke und fühle so, als wärst du schon da, wo du hinwillst. Parallel suchst du dir Menschen, die genau da schon sind. Lies Bücher, besuch Seminare, buch Coachings oder kauf dir einen Videokurs von diesen Menschen die dort bereits sind, wo du hin willst. Viele der erfolgreichen Menschen sind sogar offen für Telefonate. Trau dich und frag einfach mal nach. Bleib dran und beweis ihnen und dir selbst, dass du es wirklich willst.

Heute ist es für mich ganz logisch: Wenn man erfolgreich sein will, sollte man sich gesund ernähren, diszipliniert immer wieder ins „Tun“ kommen, fachlich sich weiterbilden, und persönlich weiterentwickeln, in deinem „Sein“, sein und sein Verhalten regelmäßig reflektieren. Mit Sicherheit gibt es noch weitere Aspekte, um erfolgreich sein Leben zu leben. Hier darfst du gerne weitere Punkte ergänzen. Wenn man dann aber seine Freizeit mit Freunden verbringt, die Drogen nehmen, saufen, sich nicht weiterbilden und keine Träume haben, zieht einen das energetisch jedes Mal herunter und macht ein erfolgreiches Leben gar nicht so leicht. Jemanden von einem Tisch runterzuziehen, ist nämlich einfacher, als fünf Menschen hochzuziehen.

Auch wenn das gemein klingt: Diese Menschen braucht man nicht in seinem Leben – zumindest nicht im engsten Kreis.

Sie werden sich mit Sicherheit – wenn man sich anders benimmt und entwickelt als sie selbst – nach einer Weile ganz von allein aus dem Umfeld entfernen oder sich sogar selbst verändern, wenn sie einen als Vorbild annehmen.

Man hat irgendwann keine gemeinsamen Gesprächsthemen mehr. Man hat sich persönlich immer weniger zu sagen, dass man den Kontakt abbrechen muss. Die Frage ist immer: Tut der Mensch einem gut und fühlt man sich wohl mit ihm oder raubt er einem Energie (Energievampire) beziehungsweise lässt man sich seine Energie rauben?

Du kennst das vielleicht: Wenn du im Begriff bist, auf deinem Lebensweg einen neuen, wichtigen Schritt zu machen – sei es beruflich oder privat –, wird es in deiner Umgebung stets Menschen geben, die dich davor warnen, diesen Schritt zu machen. Mit der Intention, das Beste für dich zu wollen, geben sie dir Ratschläge – ob du sie hören willst oder nicht. Sie wollen nicht, dass dir Leid zustößt. Doch ich bin sicher, oft ist da auch ihre eigene Angst, die sie auf dich projizieren.

Mit welchen Menschen verbringst du am meisten Zeit? Mit welchen Menschen tauschst du dich am meisten aus? Fühlst du dich mit diesen Menschen wohl? Fühlst du dich stärker, liebevoller, gar beflügelt? Oder hast du viel häufiger das Gefühl, ausgelaugt zu sein? Führt ihr Gespräche, die dich inspirieren, oder unterhaltet ihr euch über das Wetter und schimpft über den Nachbarn? Hast du das Gefühl, dass du mit diesen Menschen wachsen kannst? Du bist der Querschnitt der fünf Menschen, mit denen du dich umgibst.

Das heißt, wenn du dich mit Menschen umgibst, die zum Vulkan wollen, und du willst eigentlich zum Strand, dann macht das wenig Sinn. Und gleichermaßen, ist es einfacher gemeinsam den gleichen Weg zu gehen, wie zum Beispiel mit anderen einen Dschungel zu erforschen und die verborgenen Schätze zu entdecken, als es alleine zu versuchen.

Die meisten Menschen lieben es allerdings, in ihrer Komfortzone zu bleiben. Sie gehen kein Risiko ein. Sie bleiben am selben Ort wohnen, machen jahrzehntelang den gleichen Job, lernen nach Schule oder Studium nichts mehr dazu, haben die gleichen Routinen, sie essen immer die gleichen Speisen und probieren nichts Neues aus. Insgeheim hassen viele ihr Leben und verachten sich selbst, wissen aber nicht, was sie machen sollen. Sie haben Angst und bringen einfach nicht die Kraft auf, aus ihrer Komfortzone zu entfliehen. Wenn solche Mitmenschen sehen, dass man es schafft, sein Leben erfolgreicher, glücklicher und lebenswerter zu gestalten, und sie selber es im Gegenzug nicht hinbekommen, kommen oft Neid und Missgunst hoch, verpackt in einen Deckmantel der „gut gemeinten Rat-Schläge".

„Zuerst ignorieren sie dich, dann lachen sie über dich, dann bekämpfen sie dich und dann gewinnst du."

Mahatma Gandhi

Durch das Verhalten von einem erfolgreichen Menschen – oder jemandem, der sich auf den Weg macht – werden sie mit ihren eigenen Defiziten konfrontiert. Damit das nicht passiert, freuen sie sich, wenn man versagt. Nicht, weil sie einem das Ganze nicht gönnen – so weit würde ich gar nicht gehen. Aber wenn man versagt, können sie sich wieder entspannt zurücklehnen, in ihrer Komfortzone bleiben und sich mit ihrem Leben arrangieren. Sie sehen einen oft nicht als positives Beispiel, sondern fühlen sich in ihren eigenen Gefühlen getriggert.

Und das Versagen des anderen wäre für sie die beruhigende Bestätigung, dass es ein unsinniger Aufwand für nichts wäre, es selbst auch zu versuchen.

Wenn man es schafft – direkt vor ihren Augen erfolgreich zu sein –, ist man eine Bedrohung für ihre Trägheit, Unzulänglichkeit und eventuell sogar ihr gesamtes Weltbild. Das hat niemand gerne. Dann wird ihnen ihr Gewissen etwas einflüstern. Dann wispert ihre innere Stimme womöglich: „Vielleicht solltest du es auch einmal probieren?" Und dann geht er los, dieser innere Kampf zwischen Gewissen und Schweinehund. Sehr schmerzhaft!

Dabei sehen sie nicht, was bei einem alles passiert, und schon gar nicht die Ängste, die man überwunden hat, um zum Erfolg zu kommen.

Das können sie in dem Moment auch gar nicht sehen, denn sie können nicht verstehen, welchen inneren Prozessen man sich in seiner Entwicklung gestellt hat, wie viel Überwindung und Energie das einen gekostet hat. Sie spüren nur ihren eigenen Schmerz, ihr eigenes Unvermögen und Versagen – und das tut verdammt weh.

Und wenn sie also nun versuchen, den anderen von seinem neuen Weg abzubringen, ihn von seinem Erfolg wegzuziehen, dann tun sie das in erster Linie nicht, um ihm zu schaden, sondern um sich selbst vor dem eigenen Schmerz zu bewahren.

Sie wissen nicht, dass sie dennoch sowohl dem anderen als auch sich selbst schaden. Deshalb ist es in großen Veränderungsphasen wichtig, alte Territorien zu verlassen und das Umfeld, in dem man sich bewegt, immer wieder anzupassen. Ein erfolgreiches Umfeld strahlt Erfolg aus. Somit wird man auch erfolgreich.
Alles besteht aus Energie und alles ist miteinander verbunden. Herzlich lächelnde Menschen führen zu weiteren lächelnden Menschen. Energie steckt an. Welche Energie umgibt dich? Andersherum ist es allerdings genauso. Wenn man sich nur mit Menschen umgibt, deren tollkühnste Vision das Feierabendbier ist, dann wird man sich nicht weiterentwickeln.

Für deine Weiterentwicklung ist es somit sehr wichtig, mit wem du dich umgibst, und damit sind nicht zwingend nur Menschen gemeint, die in deinem Umfeld leben. Die wenigsten Menschen haben in ihrem direkten Umfeld die absoluten Powerleute.

Die holst du dir bewusst in dein Leben. Wie vorhin kurz beschrieben, zum Beispiel über Bücher oder Podcasts. Du entscheidest, mit wem du dich tagtäglich beschäftigst. Jetzt gerade umgibst du dich mit meinen Gedanken, indem du dieses Buch liest. Ich hoffe, sie sind dir dienlich und tun dir gut.

Kommunikation

Ich behaupte, dass die meisten aller Probleme auf der Welt aus mangelhafter Kommunikation und Missverständnissen entstehen. Dazu möchte ich dir wieder eine Geschichte erzählen.

Ich war neulich in einem Café unfreiwillig Zuhörer des folgenden Gesprächs: Ich saß neben einem Pärchen, das augenscheinlich sein erstes Date hatte. Nach einer Weile fragte das Mädchen: „Möchtest du denn eine feste Beziehung?" Der junge Mann antwortete daraufhin: „Auf keinen Fall!" Das Mädchen schaute enttäuscht und ich spürte genau, wie die Stimmung kippte.

Woran lag das? Hätte das junge Mädchen die Antwort des jungen Mannes nicht gewertet und ihre eigene Definition von „Beziehung" über diese Aussage gestülpt, wäre die Situation sicher noch zu retten gewesen. Was ist falsch gelaufen? Sie hätte fragen können: „Nur dass ich das richtig verstehe, was genau verstehst du denn unter einer festen Beziehung?"

Vermutlich hätte der junge Mann geantwortet: „Unter einer festen Beziehung verstehe ich Klammern, Kontrolle, den Verlust meiner Freiheit, dass du mir auf die Nerven gehen wirst und dass ich zu Dingen gezwungen werde, die ich nicht möchte."

Hätte das Mädchen um die Wichtigkeit von Definitionen und Kommunikation gewusst, hätte sie sich womöglich für diese ehrliche Antwort bedankt und ihn gefragt, wie er auf diese Definition von einer festen Beziehung käme.

Der junge Mann hätte dann vielleicht gesagt, dass dies in seinen letzten Beziehungen der Fall gewesen war und dass seine Freunde Ähnliches berichten würden. Eine gute Antwort der jungen Frau wäre dann vielleicht gewesen: „So eine von dir beschriebene Beziehung möchte ich auch nicht.

Für mich ist eine feste Beziehung eine Verbindung zweier Menschen, die sich vertrauen, die sich Freiheit und Zweisamkeit schenken, die gemeinsam für ihre Ziele kämpfen, die tollen Sex haben und beieinander glücklich sind. Für mich ist eine Beziehung eine Partnerschaft".

Wie die Unterhaltung der zwei Menschen im Café endete, überlasse ich deiner Fantasie. Du siehst, wenn du mit einem anderen Menschen sprichst, ist es sehr, sehr wichtig, die Definitionen der Worte, die ihr beide benutzt, zu klären. Von Beginn an. Alles andere führt meist nur zu Katastrophen.

Auch auf deinem Lebensweg wirst du immer wieder Menschen treffen, die deine Sprache sprechen, und solche, bei denen du sehr viel Fingerspitzengefühl brauchst, damit deine Message ankommt.

Ich möchte dir ein wundervolles Prinzip ans Herz legen, das als „Die drei Siebe des Sokrates" bezeichnet wird. Egal, mit wem du sprichst: Wenn du durch deine Kommunikation wirklich mehr Erfüllung auf deinem Lebensweg erreichen möchtest, dann frag dich, bevor du etwas mitteilst, immer:

1. Das Sieb der Wahrheit – Ist das, was du sagen willst, wahr?
2. Das Sieb der Güte – Kommt es aus der Güte oder der Liebe heraus, was du sagen willst?
3. Das Sieb der Notwendigkeit – Ist es wirklich notwendig, dass du es äußern musst?

Kommen hier ein oder mehrere Neins auf, dann sag es lieber nicht. Wende „Die drei Siebe des Sokrates" an, um unnötige Gespräche ab jetzt zu vermeiden.

Tools

Ich habe dir im Laufe des Buches schon einige Tools und förderliche Empfehlungen für deinen Lebensweg gegeben. Nun möchte ich dir noch ein paar praktische, ganz konkrete Ergänzungen für die Steigerung deiner Produktivität und Lebensqualität mit auf den Weg geben.

1. Werde dir bewusst, wer du WIRKLICH sein willst.

> ***„Die Fähigkeit, die deine Lebensqualität am meisten beeinflusst, ist die Fähigkeit zu entscheiden, was du tun willst – und es dann zu tun."***
>
> ***Tony Robbins***

Wenn du wandern gehst und die Wege nicht kennst, kein Ziel und keinen Plan hast, dann wirst du dich wahrscheinlich verlaufen. Außer du willst – wie zum Beispiel ich – gar keine genauen Ziele haben. Du liebst es einfach, durch den Wald zu wandern, und genießt dabei jeden einzelnen Moment, als würdest du ihn zum ersten Mal erleben. Damit du so leben kannst, ist ein ausgeprägtes Bewusstsein und Urvertrauen wichtig. So findest du immer wieder zurück. Ich liebe es, aktuell als Speaker und Coach zu fungieren und zu tun und machen, auf was ich Lust habe.

Klare, messbare Ziele habe ich nicht, da ich glaube, dass auch hier wieder jeder individuell ist und es unterschiedliche Herangehensweisen gibt, die ein Mensch gehen kann. Meine ist, in eine Rolle zu schlüpfen (Speaker) und die mit so viel Spaß und Leidenschaft zu spielen wie nur irgend möglich. Ich liebe es zu manifestieren. Aus dem Fenster zu schauen und zu visualisieren, in das Gefühl hineinzugehen und mir gedanklich auszumalen, wie ich leben will. In die Dankbarkeit zu gehen für alles, was ich erreichen will und so zu leben, als hätte ich es bereits erreicht. Das ist für mich persönlich viel machtvoller, als mir plastische Ziele zu setzen und mit purer männlicher Energie zu versuchen, sie zu erreichen. Bau das weibliche Prinzip in deine Zielsetzung mit ein und du wirst mehr Erfolge haben.

2. Etabliere eine Morgenroutine.

Man sagt, im Durchschnitt braucht man 30 Tage, um eine neue Routine in den Alltag zu integrieren. Eine Morgenroutine erleichtert dir es, in deinen Flow zu kommen. Wenn du deinen Morgen fantastisch beginnst, wird auch der Tag unglaublich schön. Wenn der Tag nicht gut beginnt, dann mach ihn dir schön. Ich pflege meine täglichen Morgenrituale seit Jahren und sie sind wertvolle Begleiter auf meinem Lebensweg. Daher kann ich zum Beispiel Dankbarkeitsrituale empfehlen, die morgendliche kalte Dusche, die entsprechende Atmung dazu oder, wenn das nichts für dich ist, einen Bullet-Proof-Kaffee.

Probiere aus, was sich stimmig anfühlt und dich in der Frühe in Schwung und gute Laune bringt. Ehrlich gesagt ist meine Routine keine Routine im eigentlichen Sinne, da sie sich jeden Tag verändert und ich hier stark nach Bauchgefühl gehe. Bei mir ist es eher so, dass ich ein Morgenritual-Repertoire habe (quasi wie ein Werkzeugkasten) und mich an dem bediene, was sich gerade gut anfühlt. Wichtig ist nur, DASS du jeden Morgen etwas für dich tust, was dich stärkt und ausrichtet. Ich mag mehr die Rituale (Bewusst) statt der Routinen (unbewusst / automatisiert). Du benötigst zwar etwas mehr Zeit und es ist etwas aufwändiger, aber sie haben etwas Magisches an sich. Deswegen ist meine Empfehlung: Überlege dir drei Lieblingsrituale und baue sie täglich morgens oder abends bei dir im Tag ein. Nutze dort Routinen, wo du Zeit gewinnen willst und Rituale, wo es dir um den Genuss geht. Die höchste Form des Rituals ist das Zelebrieren. Feier dich und dein Leben. Sei begeistert von den noch so kleinen Dingen, wie zum Beispiel, wenn du aufwachst, deine Lieblingsmusik anmachst und dein Leben feierst. Ich liebe es in der Dusche zu tanzen und höre dabei laute Musik.

3. Schaffe eine ablenkungsfreie Arbeitsumgebung

Wie oft schaust du während der Arbeit auf dein Smartphone und checkst WhatsApp oder Instagram? Um produktiv arbeiten zu können, solltest du Ablenkungen minimieren.

Das heißt, dein Smartphone liegt idealerweise im anderen Raum – außer du brauchst es zum Arbeiten – und dein Schreibtisch ist aufgeräumt. Entferne alles auf deinem Schreibtisch, was dir nicht dienlich ist.

Musik kann dich inspirieren und andere Geräusche überdecken. Die Tür zu deinem Arbeitsraum ist geschlossen und andere Personen wissen, dass du nicht gestört werden willst. Es gibt unzählige Arten, sich vor Ablenkungen zu schützen. Am besten analysierst du einmal ein paar Tage lang, was dich ablenkt, und eliminierst diese Faktoren dann Stück für Stück.

4. Arbeite in Blöcken von 25 Minuten

Wenn du deine Produktivität stark erhöhen möchtest, versuch das hier: Setz dir einen Timer auf 25:00 Minuten. Wenn er abgelaufen ist, mach fünf Minuten Pause, steh auf, trink etwas, schüttle dich einmal durch oder hüpf eine Minute intensiv, um deine Energie zu erhöhen. In der Pause kannst du auch kurz deine Nachrichten checken. Aber Vorsicht, lass dich nicht durch Social Media von deinen eigentlichen Aufgaben ablenken.

Wenn du wirklich im Flow bist und Lust hast weiterzumachen, dann starte den Timer neu und arbeite weiter. Durch diese Technik wirst du am Ende des Tages das gute Gefühl haben, produktiv gearbeitet zu haben. Und sehr wahrscheinlich hast du auch tatsächlich deine wichtigsten Aufgaben erledigt.

Ich selbst habe meine Strategie der Thementage im Abschnitt „"Zeit"- und Selbstmanagement" erklärt und beschrieben. Das heißt, an einem Deep-Work-Tag arbeite ich solange, wie ich zum einen Lust habe und zum anderen, wie lang die To-Do-Liste ist. Ich bin vom Typ her eher jemand, der komplett durcharbeitet.

Da bin ich dann in einem regelrechten Fokus-Tunnel und vergesse alles andere um mich herum. Für mich ist das ein herrliches Gefühl. Was für ein Typ bist du? Kurz arbeiten und kurze Pausen machen oder eher durchpowern wie ich und dann dafür, ein ganzen Tag frei machen?

5. Konzentriere dich besser mit Musik

Das Abspielen von bestimmten unterschiedlichen Frequenzen – „Binaural Beats" genannt – kann deine Gehirnaktivität positiv beeinflussen. Dabei werden Gehirnwellen anhand ihrer Frequenz in fünf unterschiedliche Kategorien unterteilt: Gamma, Beta, Alpha, Theta, Delta. Jeder Bewusstseinszustand besteht aus mehreren aktiven Wellen. Beta ist vor allem in einem normalen Wachzustand aktiv, Theta in einem meditativen Zustand, Delta im Tiefschlaf und Alphawellen treten beim Tagträumen und beim Visualisieren auf. Diese Technik ist ein Bio-Hack, bei dem du auf einem Ohr einen Ton in einer bestimmten Frequenz und auf dem anderen Ohr einen anderen Ton mit einer leicht unterschiedlichen Frequenz hörst. Daher der Name „Binaural Beats" (»bi« für zwei und »aural« für das Ohr betreffend). Probiere es einfach mal aus.

6. Faste intermittierend

Intermittierendes Fasten, auch Intervallfasten genannt, ist ein exzellenter Weg, um deinen Blutzuckerspiegel stabil zu halten, damit du wach und munter im Laufe des Tages bleibst. Während des Fastens bist du konzentrationsfähiger und gelangst einfacher in den fokussierten Geisteszustand. Die Fastenperiode beim intermittierenden Fasten beträgt 16 Stunden (Klassische Variante). Zum Beispiel kannst du dein Frühstück ausfallen lassen und dann zwischen 12:00 Uhr und 20:00 Uhr etwas essen. Auch auf mehrere kleine Mahlzeiten verteilt. Während des Fastens werden dem Körper keine Kalorien zugeführt. Das führt zu einer erhöhten mentalen Klarheit mit weniger Leistungseinbrüchen.

Obendrein reinigen sich deine Zellen und deine Entzündungswerte schwellen ab. Dein Körper kann sich sozusagen auf andere Prozesse konzentrieren, da die Verdauung nicht dauernd aktiv ist.

7. Erhöhe deinen Fokus mit Kakao und Zimt

Einer meiner neuesten Lieblingshacks für Produktivität ist die Kombination von Kakao und Zimt. Im Kakao befindet sich das biogene Amin Phenethylamin. Das ist ein Stoff, der unter anderem auch in vielen halluzinogenen Drogen vorkommt und mit dem die durch Schokolade hervorgerufenen Glücksgefühle in Verbindung gebracht werden. Phenethylamin wird allerdings recht schnell durch bestimmte Enzyme, die Monoaminoxidasen, abgebaut.

Diesen Abbau kannst du mit der Einnahme eines Monoaminoxidasen-Hemmers verzögern. Ein Lebensmittel, das eine signifikante Menge dieses Hemmers enthält, ist Zimt. (Wir reden übrigens von reinem Kakao – keine Schokolade vollgepumpt mit Zucker bitte.)

8. Finde deine eigenen Tools

Ich habe dir viele Tools vorgestellt, einige Empfehlungen gegeben und meine persönlichen Strategien / Formeln mit dir geteilt. Bitte betrachte mein Buch als eine Art Buffett, in dem du dir das nimmst, was du möchtest. Kreiere im Laufe der Zeit deine ganz eigene persönliche Toolbox. Du bist der Schöpfer deines Lebensweges. Deines Lebens. Gehe ihn mit Herz und ich bin schon mega gespannt auf deine Fortschritte. Ich würde mich sehr freuen, wenn du mir über deine Fortschritte und Erfahrungen schreibst. Denn jeder lernt von jedem. Danke für dein Sein.

Und jetzt?

Du hast in den drei Haupt-Kapiteln meines Buches viel erfahren über Körper, Geist und Seele, über Tun und Sein, Bewusstsein und Ego. Dieses Buch soll dir für deinen eigenen Lebensweg dienen.

Zusammenfassend möchte ich dir noch einmal auf den Weg mitgeben, dass es ab sofort an der Zeit ist, die Verantwortung für dich und dein Handeln komplett selber zu übernehmen. Ich glaube, ich habe anschaulich beschrieben, dass es keinen Sinn macht, Verantwortung und Schuld auf andere zu schieben. Denn mit jeder Handlung, jedem Wort und jedem neuen Ziel kreierst du dein eigenes Leben. Lass dir von niemandem mehr dein Zepter aus der Hand nehmen.

Wenn du andere verurteilst, entsteht Trennung. Und Trennungen ziehen in der Regel Konflikte nach sich. Aus Konflikten entstehen Angst und Wut. Deswegen ist es wichtig, in Nächstenliebe und Liebe zu handeln. Um das auch wirklich umsetzen zu können, verabschiede dich von deiner Vergangenheit, von unangenehmen Erinnerungen und vergib dir selbst, wie auch anderen.

Lass alles los, was dich belastet, und akzeptiere, wer du bist und wo du gerade stehst. Denk immer daran, dass das Leben aus Wachstum UND Zerfall besteht. Beides gehört dazu.

Liebe dich selbst, so wie du bist, und gestalte dein Leben bewusst. Denn jede Aktion zieht eine Reaktion nach sich – und nur du entscheidest, wie du agierst und reagierst. Beginne noch heute und geh einfach los. Wirklich: Mach es einfach! Lebe, wie du es WIRKLICH willst. Du bist der Schöpfer deines Lebens!

Leben im Augen-Blick

Du hast eine Menge an Informationen und Inspirationen von mir bekommen, um dein Leben zu verändern. Eine letzte Sache ist mir allerdings noch wichtig: Erfolg zu planen, ist eine tolle Sache. Das macht viel Spaß. Der Prozess ist genial – wenn man ihn denn genießen kann. Und genau das ist der Punkt. Kannst du ihn genießen oder hat dein innerer Kritiker etwas dagegen? Treibt er dich immer weiter an oder kann er den Erfolg auch sehen und zulassen? Viele erfolgreiche Menschen leben entweder in der Vergangenheit, analysieren vergangene Entscheidungen oder leben viel in der Zukunft und sehen sich ausschließlich mit ihren zukünftigen Erfolgen!

Ja, das gehört auch alles zum Prozess dazu. Denk daran, auch im Hier und Jetzt, JA, genau in diesem Augenblick, zu leben, zu reflektieren, wo du stehst und was du täglich bewirkst in deinem Prozess. Genieß ihn und die großartige Welt, in der du leben darfst. Nimm alle Facetten davon wahr und sei dankbar dafür.

Erfolgreich leben ist für mich ein Synonym dafür, authentisch in Liebe zu leben. Wie es der Heilige Augustin gesagt hat: „Liebe und tue, was du willst." Danach habe ich mein gesamtes Leben ausgerichtet. In diesem einfachen Zitat steckt alles drin, was du brauchst. Leben ist immer eine Mischung aus Handeln und Sein.

Es geht im Leben immer darum, das Geben und Nehmen in Balance zu halten. Wenn das jeder Mensch berücksichtigen würde, dann wären wir heute an einem ganz anderen Punkt als da, wo wir jetzt in der Welt stehen.

Ja, du sollst super verdienen. Ja, es soll dir gut gehen. Bau dir ein Business auf, aber beachte gleichzeitig auch dein Mindset dahinter: Diene Mutter Erde und all ihren Mitgeschöpfen die auf ihr leben. Jedes noch so kleine Dienen ist wichtig. Es bringt nichts, wenn du Millionär bist, aber alles nur für dich auf deinem Bankkonto hortest. Bring das meiste, was du bekommst, wieder in den Energiekreislauf zurück. Investier in neue, nachhaltige Projekte, in dich selbst, deine Familie, deine Träume und supporte alles, was dir wichtig und sinnvoll erscheint. Was auch immer du machst: Mach das Beste daraus! Vielleicht hast du sogar eine größere Vision, als du dir im Moment vorstellen kannst.

Von Herzen wünsche ich mir, dass wir alle, die dieses Buch gelesen haben, eine Gemeinschaft bilden, unseren Planeten Erde zu achten, statt ihn auszurauben. Für Mutter Erde ist es sogar besser, dass der Mensch nichts tut. Die Natur regeneriert sich von selbst. Es gibt da so ein Spruch von dem Video „Mutter Erde spricht“: Der Mensch braucht die Natur. Die Natur braucht die Menschen nicht. Dieses Leben wurde uns geschenkt. Wir dürfen annehmen, aber auch wieder zurückgeben.

Ich freue mich, wenn wir gemeinsam für die Welt wirken können und jeder seinen kleinen, aber entscheidenden Teil dazu beiträgt.

Für uns, unsere Kinder und die Erde.

In diesem Sinne: Möge dein Lebensweg in jedem kostbaren Augenblick von Erfolg, Liebe, Kreativität und Glück erfüllt sein!

Dein Jonas Hilz

EPILOG: Meine persönliche Geschichte – Vom Loser zum Deutschen Meister im Hip-Hop, Unternehmer und Coach

Lange habe ich hin und her überlegt, wo ich diesen Part in das Buch mit einfließen lassen soll. Ich denke, hier am Schluss passt er gut, denn meine persönliche Geschichte ist ein treffliches Beispiel dafür, auf was für verschlungenen Pfaden das Leben uns manchmal wandeln lässt – und dass das trotzdem unser ureigener Lebensweg ist.

Vielleicht bist auch du gerade an einem Punkt, an dem du dich fragst: „Diese Krise, dieses Leid oder dieses Unglück kann doch nicht ein höherer Plan des Lebens sein, oder?". Vielleicht gibt es noch Episoden aus deiner Vergangenheit, denen du immer noch nachhängst und mit denen du noch keinen Frieden geschlossen hast.

Du bist herzlich eingeladen, weiterzulesen, wenn du noch mehr darüber erfahren möchtest, wie ich zu dem Jonas wurde, der ich heute bin und der dieses Buch geschrieben hat. Und wenn du magst, dann frag dich auch: Wie sieht deine eigene Heldenreise bis zu diesem Zeitpunkt des Lebens aus?

Lass uns wirklich am Anfang starten: Alles begann als kleines Kind im Alter von sechs Jahren. Die Einschulung. Was davor war, weiß ich leider nicht mehr so genau. Ich würde sagen, dass ich ein sehr fröhliches Kind war.

Meine Mutter zog mich liebevoll zu einem Jungen auf, der voller Lebensfreude und Abenteuerlust auf das Leben blickte. Auch wenn die Schulzeit alles in allem keine schöne Zeit für mich war, war ich dennoch meistens vergnügt, lachte viel, wollte einfach Spaß haben und hatte immer das natürliche Bedürfnis, andere Kinder in meine Aktivitäten und meine Lebenslust einzubeziehen.

An meinem ersten Schultag verliebte ich mich direkt in ein wunderschönes Mädchen. Ich war aufgeregt und nervös, ob sie mich vielleicht auch bemerken würde. Im Laufe der Zeit, wurde sie die Klassensprecherin und ich der „Loser" der Klasse. Meine Gedanken kreisten um die verschiedensten Glaubenssätze, wie zum Beispiel: „Wie soll jemand wie ich bei so einem tollen Mädchen gut ankommen?" In der Grundschule ging es noch einigermaßen, dennoch kristallisierte sich schon früh raus, wer in der Beliebtheitsskala oben stand und wer unten. Mein einziger Gedanke als Kind war: „Wie steige ich in der Beliebtheitsskala auf?" Das Schulsystem ist nicht für jedes Kind geeignet und ich war eines dieser Kinder. Ich fühlte mich meistens unwohl und war froh, wenn die Schulglocke ertönte, dass ich endlich nach Hause konnte. Das ging später in der Realschule irgendwann so weit, dass meine Mitschüler mich missachteten, hänselten und teilweise sogar verprügelten. Sie machten meine Sachen kaputt und klauten mir alle möglichen Gegenstände. Eine Art der Missachtung und des Missbrauchs, gegen die man sich als Kind kaum wehren kann.

Die Lehrer nahmen mich als „anders als die anderen" wahr und machten düstere Prognosen über meine Zukunft. Wirklich niemand außer meiner Mutter baute mich auf. Egal, was mir gesagt wurde oder was Menschen mir antaten, ich wusste immer, dass ich es irgendwie schaffen würde. Als Kind schon wollte ich immer Polizist werden, um Menschen zu helfen. Ich wusste, dass ich genau dafür hier bin. Ganz tief in meinem Unterbewusstsein war das bereits verankert.

Ein erster Wendepunkt in meinem Leben in Bezug auf Anerkennung und darauf, wahrgenommen zu werden, kam dann allerdings plötzlich und unerwartet. Diese Episode möchte ich teilen, weil auch sie mich enorm prägte. Damals war ich elf Jahre alt und meine Mutter kam damals auf mich zu und fragte mich: „Möchtest du mitkommen nach Bali und dort eine internationale Schule besuchen oder in Deutschland bei Oma und Opa bleiben?" Die Antwort war klar und so wanderten wir für ein Jahr nach Bali aus. Sie hatte beruflich dort zu tun und ich durfte das beste Jahr meines Lebens erleben. Das war eine komplett andere Welt. Ich erlebte zum ersten Mal, wie das ist, als junger Mensch akzeptiert und von seinen Mitschülern gemocht zu werden. Hier auf Bali durfte ich genau so sein, wie ich war. Was für eine unglaubliche Erfahrung, was für eine Offenbarung, sich nicht mehr wehren und ständig im Schatten stehen zu müssen.

Aber warum musste ich erst in ein 12000 Kilometer entferntes Land fliegen, um das zu erleben? So ganz verstand ich die Welt nicht. Doch egal – ich war glücklich, dankbar und genoss es, dass ich mich nicht mehr verstellen musste.

So erlebte ich auf Bali viele schöne Momente und begegnete Menschen, die mich positiv beeinflussten, indem sie mir eine völlig neue Sichtweise auf das Leben gaben. In Deutschland in der Schule hatte ich immer das Gefühl gehabt, mich anpassen zu müssen, um geliebt zu werden. Und selbst dann (oder vielleicht auch gerade dann) hatte es nicht funktioniert. Ich hatte das Gefühl gehabt, ich müsste coole Klamotten tragen, müsste hip sein, müsste so sein wie die anderen und auch ihren Sprachstil benutzen. Wenn du etwas sein willst, dann musst du dafür Leistung bringen. Hast du was, bist du was. Fehlerfrei ist sorgenfrei. Diese Glaubenssätze haben sich damals bei mir eingeprägt.

Auf Bali erlebte ich das komplette Gegenteil. Unglaublich für mich, denn ich spürte zum ersten Mal: „Nein, das muss ich nicht." Ich konnte vor Glück kaum fassen, dass ich von meinen Mitmenschen plötzlich um meiner selbst willen akzeptiert wurde – einfach so, wie ich war. Auf Bali war eins meiner größten Erlebnisse, mit einem Roller zu fahren. Der elfjährige kleine Junge im asiatischen Straßenverkehr. Stell dir das mal kurz vor. Das zaubert mir heute noch ein Grinsen ins Gesicht. Zum ersten Mal kostete ich das Gefühl der Freiheit in mir, wie es ist, wenn man sich frei bewegen kann, wie und wohin man fahren will.

Ich nutzte den inneren Schwung und baute mir auf der Insel mein erstes kleines Business auf: Ich verteilte im Auftrag von verschiedenen Unternehmen Flyer am Strand. Nebenbei arbeitete ich in einer Videothek und verdiente zusätzlich auf der Straße mit dem einen oder anderen „Gambling" etwas Geld.

Die Freiheit wuchs täglich weiter an. Ich fühlte mich unabhängig und meine Mutter ließ mich glücklicherweise einfach gewähren. Sie ließ mir den Raum.
Sie selber musste viel arbeiten, damit sie sich die internationale Schule leisten konnte, auf die ich ging. Ganz oft zog ich einfach allein um die Häuser, weil ich voller Neugier auf die balinesischen Menschen und ihre Kultur war.

Alles war so fremd und gleichzeitig so spannend und aufregend. Ich lebte eng mit den Einheimischen zusammen. Diese Intensität liebevoller Menschlichkeit in der fremden Welt sorgte wohl dafür, dass ich sehr früh erfahren konnte, was es bedeutet, andere Menschen um ihrer selbst willen anzunehmen, sie zu lieben, wertzuschätzen, zu respektieren und selbst respektiert zu werden. Ich lernte in diesem Jahr von der Pike auf, was Selbstbewusstsein und Selbstverantwortlichkeit heißt.

Meiner Mutter war ich sehr dankbar, denn sie gab mir zwei wesentliche Dinge mit:

Das Erste war, niemals aufzugeben und immer genau das zu tun, was ich WIRKLICH wollte. Dies wurde zu einer starken Basis für mein gesamtes Leben, wie ich heute weiß. So konnte ich früh lernen, für mich selbst die Verantwortung zu tragen, auf mich aufzupassen und mich eigenständig zu versorgen. Ich merkte, dass ich in mir das Potenzial für ein gutes Selbstbewusstsein hatte – welches allerdings noch so einige Male in meinem Leben auf einen harten Prüfstand gestellt werden sollte.

Das Zweite, was ich von meiner Mutter mit auf den Weg bekam, war, permanent mich selber und die eigenen Handlungen zu reflektieren. Auch das hat mich und meine persönliche Entwicklung außerordentlich geprägt.
Mit meiner heutigen Lebenserfahrung, viele Jahre später, bin ich der festen Meinung, dass es für jeden Menschen eine wahre Bereicherung ist, fremde Kulturen kennen zu lernen und sich mal außerhalb der vertrauten Umgebung zu bewegen. Darum ist mein Rat heute für jeden Menschen, möglichst offen zu sein, andere Kulturen, Glaubensrichtungen und Sitten kennen zu lernen. Das ist so viel wert.

Doch wie in diesem Buch beschrieben, verläuft ein Lebensweg eher selten schnurstracks in Richtung Glück. Manchmal müssen wir eine Phase öfter durchleben, wenn das Leben meint, dass wir noch nicht genug gelernt haben. Eine der ersten Prüfungen kam, als wir zurück nach Deutschland kehrten.

Denn hier hatte sich rein gar nichts geändert. Nach einer aufregenden, inspirierenden und erfüllenden Zeit auf Bali erlebte ich die totale Bruchlandung: Ich war erneut der Außenseiter und das, obwohl ich in eine andere Klasse kam. Wieder akzeptierte man mich nicht.

Was war los? Ich verstand es einfach nicht. Was machte ich falsch? Was stimmte nicht mit mir? War ich denn so anders? War das zu viel verlangt?

Ich erinnere mich gut an eine Zeit, in der ich gerne Klassensprecher geworden wäre, aber als der Tag der Wahl gekommen war, wurde ich von keinem einzigen Mitschüler gewählt.

Ganz schlimm war es für mich übrigens mit der Damenwelt. Denn gerade als Jugendlicher möchte man vor allem von den Mitschülerinnen gesehen werden. Da gab es zum Beispiel in der siebten Klasse dieses Mädchen. Sie war in meinen Augen ein wirklich zauberhaftes Märchengeschöpf.
Ich verliebte mich über beide Ohren und wünschte mir nichts sehnlicher, als von ihr wahrgenommen zu werden. Irgendwann nahm ich meinen ganzen Mut zusammen, ging in einem unbeobachteten Moment zu ihr hin, sprach sie an und traute mich zu fragen, ob sie etwas mit mir unternehmen wollte. Dass sie wider Erwarten „Ja" sagte, klang wie Musik in meinen jugendlichen Ohren. Ich konnte mein Glück nicht fassen, mein Herz raste und auf dem Nachhauseweg machte ich vor lauter Freude einige Luftsprünge.

Ich war glücklich, aufgeregt, voller Vorfreude und spürte auch eine große Dankbarkeit. Die Tage bis zum ausgemachten Treffen konnte ich kaum abwarten und ich zählte wirklich die Stunden.

Als der große Tag der Verabredung endlich da war, ging ich mit prickelnder Vorfreude zum Treffen – und war sogar eine Viertelstunde zu früh da. Ich schaute in jede Himmelsrichtung, um zu erahnen, woher sie kam. Tausend Gedanken gingen durch meinen Kopf: „Wie begrüße ich sie? Was sage ich ihr? Wie verhalte ich mich?" Jeder, der sich an seine erste Verliebtheit erinnern kann, kennt das. „Sehe ich gut aus? Wird sie mich mögen?" Fragen ohne Antworten. Dann endlich war es so weit. Der Zeiger meiner Uhr zeigte 15 Uhr an.

Aber sie war noch nicht da ... Es wurde zehn nach drei, dann halb vier ... Sie kam nicht. Ich wartete. Warum hatte sie sich verspätet? Langsam wurde ich nervös. Und mehr und mehr stieg eine leise, düstere Ahnung in mir auf, die ich mir allerdings selber nicht ganz eingestehen wollte. „Nein, sie kommt schon noch", sagte ich mir und hängte noch mehr endlose Minuten des Wartens voller Hoffnung dran. Denn die Hoffnung stirbt zuletzt … Doch für mich starb sie an diesem Tag.
Nach einer gefühlten Ewigkeit ging ich nach Hause. Allein. Traurig. Resigniert. Es war eindeutig: Sie hatte mich versetzt. Und wie sich herausstellen sollte, war das noch nicht das Schlimmste. Das böse Erwachen folgte nämlich erst am nächsten Tag in der Schule.

Als ich in meine Klasse kam, standen meine Mitschüler wie eine bedrohliche Mauer vor mir und lachten mich aus vollem Halse aus. Die Krönung der Scham kam jedoch, als das Mädchen meiner Träume aus der Gruppe trat, auf mich zukam und mir mit einem Ausdruck der Verachtung, den ich lange nicht vergessen konnte, die Sätze ins Gesicht schleuderte: „Jonas, was glaubst du eigentlich, wer du bist? Als ob ich mich mit einem wie dir treffen würde. Vergiss es. Schau doch mal, wer du bist, wie du aussiehst und wer ich bin."

In diesem Moment brach für mein jugendliches Ich die Welt zusammen. Ich konnte nicht fassen, was ich hörte, und hatte das Gefühl, niemals mehr einer Frau oder einem Mädchen vertrauen zu können.

Dieser Augenblick der Abweisung prägte mein Leben und es dauerte wirklich Jahre, bis ich das überwinden konnte. In einem einzigen traumatischen Augenblick hatte sich mein junges Leben mit Misstrauen gefüllt. Und auch mit viel Wut und Trauer. Dass so etwas für eine junge Seele zu viel ist, liegt ja auf der Hand. Ich wusste nicht, wie ich damit umgehen sollte, und verschloss mich ein gutes Stück weit für das Leben.

Doch ich wusste auch: So kann es nicht weitergehen. Auch wenn ich mit Emotionen zu kämpfen hatte, die sich damals echt unschön anfühlten: Mutlos war ich nie. Und so suchte ich nach weiteren Wegen, um endlich von den Mädchen gesehen zu werden. Na klar – heute weiß ich, dass ein Leben von innen nach außen heraus entscheidend ist. Aber der jugendliche Jonas musste eben seine Erfahrungen machen.

Und so beschloss ich eines Tages, Hip-Hop-Tanzen zu lernen. Denn natürlich überlegt man mit 15, worauf die Mädchen stehen. Und schnell kam die Antwort: Tanzen! Außerdem suchte ich Möglichkeiten, innerlich stark zu bleiben. Ich wollte das Selbstbewusstsein von Bali zurückergattern. Ich wollte wieder mehr lachen und jeden Tag Spaß und Freude in mir spüren. Doch der Entschluss wurde zunächst zur Herausforderung – denn einfach war es weiß Gott nicht. Tanzen zu lernen, ist ein schwieriges Unterfangen. Einerseits ist es technisch herausfordernd und andererseits ist das Umfeld sehr wettbewerbsorientiert – man muss also ein gutes Durchsetzungsvermögen entwickeln.

So katapultierten mich meine Tanzstunden und die gemachten Erfahrungen mal in die Verzweiflung, mal machte ich aber auch Riesenschritte nach vorn. Durch das Tanzen erhoffte ich mir, endlich mehr Anerkennung in meinem männlichen Freundeskreis, aber auch Anerkennung von den Mädchen zu bekommen. Und wenn ich ganz ehrlich zu mir selber war, hoffte ich sogar ganz heimlich, der Liebe zu begegnen, die ich mir so sehr wünschte.

Doch aufgrund des hohen Altersunterschiedes musste ich am Anfang sehr kämpfen. Man muss sich mal vorstellen, wie ich dort als 15-jähriger Junge reinkomme und mir 18-jährige (und ältere) Frauen gegenüberstehen. Zum einen wurde ich null ernst genommen und zum anderen gab es meistens nicht mal ein „Hallo". Das war hart, aber dennoch war ich entschlossen, Hip-Hop zu lernen.

Ich fing an, allein daheim in meinem Zimmer zusätzliche Trainingseinheiten einzulegen. Ich versuchte, täglich einfach ein bisschen besser zu werden und stetig an meinem Stil zu feilen.

Jede Aufmerksamkeit musste ich mir enorm hart erkämpfen. Aber das änderte nichts an meiner Motivation, der Beste zu werden. Und das harte Training zahlte sich aus. Nach einigen Monaten war mein erster Meilenstein erreicht: Ich kam mit meiner ersten Freundin zusammen. Allerdings war sie keine Tänzerin und interessierte sich auch nicht besonders für das Thema. Aber egal, ich hatte meine erste Freundin. Ich war unglaublich glücklich. Als wir eines Tages gemeinsam in einem U-18 Club waren und sie mich auf der Tanzfläche sah, sagte sie: „Jonas, du tanzt doch schon ein paar Monate, oder? Das, was du da machst, das kann man aber nicht wirklich tanzen nennen. Das sieht eher wie Gehampel oder nach einem epileptischen Anfall aus."

Ich musste schlucken, denn ich kannte die Ablehnung von früher. Doch statt zu verzagen, wurde ich noch motivierter, gab noch mehr Gas und trainierte noch härter, um besser zu werden. Einige Jahre später war ich nicht nur der Beste in der Tanzgruppe, sondern ich wechselte immer weiter in den Tanzgruppen nach vorne, bis ich irgendwann in einer der besten Gruppen Deutschlands war.

Innerhalb einiger Jahre wurde ich vom schlechtesten Tänzer zum Aushängeschild der Tanzschule. Mit eiserner Disziplin und viel Training schaffte ich große Erfolge, holte mir begehrte Pokale wie mehrfach den Titel des Deutschen Meisters sowie des Vize-Europameisters. Auftritte bei *Germany's next Topmodel* und verschiedenen anderen TV-Formaten brachten mir auf einen Schlag viel Sichtbarkeit, machten mich bekannter und ich konnte mir damit endlich die langersehnte Anerkennung meines Umfeldes sichern.

Doch es kam, wie es kommen musste. Womit ich nicht gerechnet hatte, war der Absturz, als ich auf der Höhe meiner Erfolge war. Die Bauchlandung tat wieder weh. Sehr weh sogar. Ich erkannte: Erfolg sprengt manchmal Grenzen und er zeigte mir meine unverarbeiteten Themen, wie Misserfolg und Ablehnung. Ich kompensierte es, indem ich andere ablehnte und ihnen keinen Erfolg gönnte. Der Erfolg verführte mich und machte mich arrogant und hochmütig. Ich wurde regelrecht abgehoben. Die Erkenntnis traf mich wie ein Hammerschlag: Ich hatte mich zu einem wenig liebenswerten Menschen entwickelt. Wieder mochte mich keiner, doch diesmal hatte ich es selbst zu verantworten.
Damals wusste ich nicht, dass wir es immer selbst zu verantworten haben. Ich konnte es ihnen nicht verübeln, denn ich selber hätte in dieser Zeit wohl auch keine Lust gehabt, mich zu erleben.

Glücklicherweise half mir aber meine Erziehung. Wie ich es gelernt hatte, reflektierte ich mein Verhalten und erkannte, dass ich angefangen hatte, arrogant zu anderen zu sein, Menschen runterzumachen und in einer Art und Weise zu behandeln, die nicht wirklich Wertschätzung ausdrückte.

Menschliche Verbindungen, tiefe Emotionalität – das alles war mir egal geworden. Ich erkannte, dass ich Menschen für meinen Erfolg benutzt hatte. Ich war mir selbst der Wichtigste geworden. Im starken Kontrast zu meiner Kindheit und Jugend, wo ich das „Opfer" anderer gewesen war, fand ich mich nun als jemand wieder, der sich dadurch erhob, dass er auf andere hinabblickte. Und das, obwohl ich mir doch als Jugendlicher geschworen hatte, niemals andere das erleben zu lassen, was mir selber widerfahren war. Die harte Erkenntnis, dass ich damit gescheitert war, machte ich im Laufe der nächsten Jahre. Immer mehr Menschen entfernten sich aus meinem Umfeld. Was mir viele, viele Jahre später klar wurde, ist, dass es in meinem Leben erst stark in die eine Richtung ging (Opferrolle) und dann in die andere (Täterrolle). Beide „Extreme" waren nötig, um die Balance aus beidem herzustellen. Heute sehe ich mich als führende Herzenspersönlichkeit mit Empathie und klaren Grenzen für mein Leben.
Auch auf beruflicher Ebene war es für mich ein ständiges Auf und Ab. Mit 21, nach meinem Zivildienst (ich gehörte zum letzten Jahrgang, der ihn absolvieren musste) hatte ich Tanz-Engagements, gab Tanzkurse, war Barkeeper und arbeitete als Bedienung. Jeder Job war recht, um Geld zu verdienen und Erfahrungen zu sammeln.

Einen Job, an den ich mich sehr gut erinnern kann, war für mich sehr wertvoll und prägte meine ersten Schritte in Richtung Unternehmertum. Ich arbeitete in einem Unternehmen, welches Tanzmeisterschaften organisierte, und ich durfte dort verantwortungsvolle Arbeiten übernehmen.

Ich half bei der Umsetzung von allem, telefonierte mit verantwortlichen Persönlichkeiten, plante die Events und durfte sogar die Events teilweise moderieren. Es war aufregend, neu, und ich lernte das erste Mal, wie es ist, in einem Unternehmen Verantwortung zu tragen. Das größte Event, bei dem ich beitrug, war in Frankfurt mit über 4000 Menschen in einer Messehalle – eine riesige internationale Tanzveranstaltung, die viel Beifall bekam. Das war ein großartiges Erlebnis. Leider trennten sich die verantwortlichen Unternehmer und ich verlor mein Job.

Danach tanzte ich auf etlichen Hochzeiten – also im übertragenen Sinne. Doch irgendetwas fehlte mir. Vielleicht war es die Konstanz, vielleicht war es auch die Sinnhaftigkeit in meiner Arbeit.

Eine Zeit lang arbeitete ich auch in einer Agentur, die von Unternehmen beauftragt wurde, Kellner für Events zu suchen. Ich hasste diesen Job, aber ich hatte nichts anderes zu diesem Zeitpunkt. Für mich war das der absolute Tiefpunkt.

Mir kamen Fragen hoch, wie zum Beispiel: „War es das jetzt?“ Oder: „Ist das mein Traumleben?“ Ich wollte so schnell wie möglich raus aus der Situation.

Und dann kam mit 24 der Moment, der mein Leben ein weiteres Mal gehörig durcheinanderwirbeln sollte. Eines Tages gab mir eine liebe Freundin den Rat, dass ich mich doch mit einem eigenen Business selbständig machen könne. Diese Geschichte kennt ihr bereits aus dem Buch. Sie erzählte mir vom Personal Training in einer Fitness-Studio-Kette und ich nahm diese neue Möglichkeit dankend an. Schon im ersten Monat verdiente ich so viel Geld, dass ich es kaum fassen konnte. Gefühlt war es mehr als zuvor in einem halben Jahr. Vor allem in dieser Zeit brachte ich sehr gezielt meinen irdischen Weg voll zum Laufen. Selbstmanagement, Steuern, Rechte, Investition etc.: Ich verschlang alles, was es zu diesen Themen gab. Das gefiel mir sehr gut und führte zu einigen richtungsweisenden beruflichen Veränderungen.

Kurze Zeit später gründete ich unter dem Namen „Hilz Lifestyle“ mein eigenes, unabhängiges Unternehmen und trennte mich immer weiter vom Franchise-Business in der Fitness-Studio-Kette. Ich beschäftigte mich mit weiteren klassischen Fragen des Unternehmertums und begann, ein Team aufzubauen. Der Erfolg blieb nicht aus – im Gegenteil! Mit 26 kamen meine eigene Personal-Trainings-Lounge, Merchandising-Artikel und eigene Nahrungsergänzungsmittel.

Mein Ziel war es, einer der bekanntesten Personal Trainer der Region zu werden, und es gelang mir. Wir konzentrierten uns auf Premium-Kunden und bauten das Business immer weiter aus. Mittlerweile betreuen wir Menschen aus ganz Deutschland und sogar schon im Ausland.

In dieser Zeit meines Personal-Trainer-Daseins bemerkte ich dennoch eine andere Kraft, die in mir schlummerte, ein Licht, das gesehen werden wollte. Ich wollte mit den Menschen in die Tiefe gehen.

Doch erst nach Jahren kamen der große Knall und eine Entscheidung. Ich versuchte damals, weiter zu expandieren, obwohl mir meine innere Stimme etwas anderes erzählte. Mit Gewalt baute ich einen zweiten Laden auf und nach bereits kürzester Zeit stellte sich heraus, dass ich ihn wieder schließen musste. 20.000 Euro in den Kamin geschmissen – und ich selbst war am Boden zerstört.

Parallel dazu machte in derselben Woche der Schließung meine Freundin mit mir Schluss. Diese Momente, wenn alles schiefläuft. Doch ich traf eine Entscheidung: „AB SOFORT lebe ich mein inneres Licht. Ich lebe nach meiner inneren Stimme. Egal, was sie sagt, sie kennt den Weg.“ In meinem Leben änderte sich so einiges. Vor allem aber änderte sich meine Einstellung zum Leben. Ich entdeckte komplett neue Seiten an mir und dem Leben. Mein Business veränderte sich, meine Sichtweisen, meine Kommunikation, meine Werte, meine Optik und mein Umfeld. Es war superspannend, diesen Prozess zu beobachten.

Im Nachhinein kann ich sagen, dass alle Krisen in meinem Leben für mich immer eine lehrreiche Botschaft bereithielten – auch wenn sie natürlich enorm schmerzhaft waren.

Heute weiß ich, dass ich viel daraus gelernt habe: Vor allem, dass ich selbst stark sein und immer meinen eigenen Weg gehen werde. Die Trennung von meiner damaligen Lebensgefährtin brachte mich noch viel, viel mehr dazu, meine innere Mitte zu finden. Ich kümmerte mich darum, viel öfter nach meiner Intuition zu handeln und mich nicht mehr zu verstellen. Ich verstand zum ersten Mal in der Tiefe, was es heißt, den *Energie-Weg* mit dem *irdischen Weg* zu einem wundervollen *ganzheitlichen Weg* zu verbinden. Seitdem gehe ich meinen *Lebensweg mit Herz* selbstbewusst, ehrlich und voller Stolz. Dieses Buch ist meine Einladung an dich, es mir gleichzutun. Dazu möchte ich alle LeserInnen und Fans einladen.

Ich besann mich in jener Zeit außerdem der Worte meiner Mutter, die mir immer sagte, dass ich mich auf das fokussieren solle, was ich wirklich will. Und so beschloss ich von jenem Zeitpunkt an, mich nur noch auf EINE Sache zu konzentrieren und diese sauber aufzubauen. Ein Erfolgsrezept, das ich bis heute befolge: Fokus halten. Ich habe mittlerweile ein gut laufendes Personal-Training-Unternehmen und unterstütze nun mehr mein Trainer-Team aus dem Hintergrund, damit ich mich mehr und mehr auf mein neues Business konzentrieren kann.

Meine Mission und mein Hauptfokus sind nicht die Geschäftszahlen, sondern eine Botschaft in die Welt zu bringen und andere Menschen zu inspirieren. Deswegen konzentriere ich mich seit einiger Zeit auch auf meine Speaker- und Coaching-Karriere und baue Sichtbarkeit im Bereich Business, Selbstverwirklichung, Selbstführung und für meine Botschaft „Lebensweg mit Herz" auf.

Dabei unterstütze ich Menschen, die ein eigenes Business aufbauen möchten, ihren persönlichen Lebensweg eigenverantwortlich gestalten, ihr Licht nach außen tragen wollen und mit mir gemeinsam die Erde zu einem besseren Ort machen. Ich bilde LichtkriegerInnen und Menschen mit Herz aus und bin so dankbar für meine Arbeit. Dankbar, dass ich das machen darf. Was mache ich? Ich unterstütze – hauptsächlich Frauen – dabei, aus sich herauszugehen, ihre eigenen Stärken zu entdecken, sich zu zeigen und in die Sichtbarkeit zu kommen. Ich ermuntere sie, sich vor anderen Menschen zu präsentieren, ihr Business auszubauen und sich selbst als auch andere zu führen. Zum Beispiel auf der Bühne, vor ihrem Team und in ihrem Unternehmen. Gleichzeitig tauchen wir gemeinsam in die Tiefen des Unterbewusstseins ab, um unbewusste Programme neu zu programmieren.
Vor allem geht es mir aber darum, dass sie endlich ihr Traumleben leben können und keine weitere Zeit verschwenden. Es geht um Frauen, die mehr vom Leben möchten und sich endlich auf ihre eigene Mission begeben wollen.

Warum gerade Frauen? Ich weiß, dass in unserer Gesellschaft viele Frauen ihr Licht eher unter den Scheffel stellen. Meine Überzeugung ist, wenn mehr Frauen in der Sichtbarkeit sein würden, dann könnte sich die natürliche Balance auf der Erde wieder einpendeln. Wir brauchen meiner Meinung nach sehr viel mehr weibliche Energie in vielen Bereichen unserer männlich dominierten Gesellschaft und Business-Welt. Männliche Energie kann sehr destruktiv sein – wie man in der Historie ja gut erkennen kann.

Ich unterstütze Frauen dabei, mit innerer Stärke in eine Führungsrolle zu wachsen, sichtbar zu werden und mit Authentizität vor Menschen aufzutreten. Eindringlicher gesagt, geht es darum, dass sowohl Frau als auch Mann mit beiden Energien in Balance erfolgreich werden. Männern fehlt oft das weibliche Prinzip und Frauen vergessen oft ihre Weiblichkeit zu leben und wollen im Business „ihren Mann stehen“, Männer imitieren oder verraten sogar ihre eigene Weiblichkeit. Auf der anderen Seite gibt es oft die Frauen, die sich nicht trauen (männliches Prinzip) mit ihren Fähigkeiten sich zu zeigen.

Wir wollen Frauen, die aus ihrer weiblichen Urenergie für ihre Überzeugung einstehen. Egal, ob angestellt oder in der Selbstständigkeit. Frauen, die unsere Erde zum Positiven verändern wollen. Wir wollen Männer die mehr ihre Weiblichkeit leben, Mitgefühl haben, zuhören und annehmen können.

Gerade in einer Zeit wachsenden Bewusstseins für Klima, Natur, Tiere und Ressourcen braucht es die weibliche Sensibilität, Energie und Intuition, damit Yin und Yang, also männliche und weibliche Energie, sich vereinen und zu einer neuen, harmonischen Kraft entwickeln können. Als Mensch haben wir auch immer beides in uns. Es geht darum, dass wir beginnen, in Harmonie mit und auf dieser Erde zu leben, anstatt sie zu zerstören und für unsere Zwecke auszubeuten. Mein einladender Appell: Lasst uns wieder in einen natürlichen Gebe-und-Nehme-Rhythmus kommen. Dafür braucht die Welt mehr Frauen in entscheidenden Schlüsselpositionen und in der Unternehmerwelt. Ich möchte alle Frauen ermutigen, rauszugehen und ihren Lebensweg mit Herz zu gehen, ihre Berufung zu leben und ihre Persönlichkeit zu entdecken.

Glaub mir, ich weiß wirklich, wovon ich spreche. Erst die persönlichen Erfahrungen auf meinem eigenen Lebensweg, die Höhen und Tiefen mit allen Learnings und schlussendlich die eigene Reflexion haben mich dorthin gebracht, wo ich heute bin. Es war ein harter Weg (so wie das Leben manchmal mit einem spielt), doch daher weiß ich, was Demut, Empathie, Respekt und Bescheidenheit wirklich bedeuten. Meistens lernst du nur durch Kontrasterfahrungen gewisse Dinge, die nötig für deine Mission sind.

In vielen Dingen bin ich ein Autodidakt und Schüler des Lebens. Ich arbeite an mir, nutze viele Gespräche, lese unendlich viele Bücher und schaue mir inspirierende Videos an.

Ich nehme die Reaktionen anderer Menschen als wertvollen Spiegel meiner selbst wahr, an dem ich mich orientieren kann. Das alles ist unglaublich wertvoll, dass ich es an viele Menschen dort draußen weitergeben möchte. So viele wie nur möglich.
Unzählige Stunden der Reflexion, die mich einst meine Mutter auf Bali gelehrt hatte, führten dazu, dass ich schlussendlich herausfand, was ich wirklich möchte, und vor allem, wie ich mich beruflich verwirklichen will und kann.

Heute bin ich wirklich sehr dankbar für diese Reise vom neugierigen, abenteuerfreudigen Kind hin zu einem Mann, der vieles ausprobiert und sich damit gegen Regeln der Gesellschaft und deren Vorurteile gestellt hat. Ich machte Zivildienst, versuchte mich in den unterschiedlichsten Jobs, verließ so früh wie möglich den klassichen Ausbildungsweg, die für Kreative wie mich ein Zwangskorsett bedeuten. Erst nach vielem Ausprobieren auf meinem Weg fand ich, was mich erfüllte. Mir wurde klar:

Ich will ab jetzt nur noch mit Menschen arbeiten, die bewusst sind und genauso wie ich die positive Veränderung anstreben, ihnen dienen und sie inspirieren. Als Coach, Redner und Trainer.

Heute bin ich stolz auf mich: Ohne jegliche berufliche Vorbildung, ohne BWL-Studium, ohne finanzielle Unterstützung – entgegen allen Konventionen – habe ich bewiesen, dass man sich alles, was man wahrhaftig braucht, selbst beibringen kann.

Diszipliniert habe ich mein Business aufgebaut. Ich bin den steinigen Weg gegangen und habe keine Mühen gescheut, mir das Fachwissen anzueignen, was ich benötige, um erfolgreich zu werden.

"Auch aus Steinen, die dir in den Weg gelegt werden, kannst du etwas Schönes bauen."

unbekannt

Das möchte ich weitergeben! Und mehr noch: Ich möchte zeigen, wie es auch einfacher geht – ohne jene zumindest unnötigen Umwege, die ich selbst gegangen bin. Fokussiert und geradeaus. Das ist meine Mission, weil ich heute, nach all meinen Erfahrungen mit Menschen, mit sehr viel Intuition und Empathie vor allem auch das Zwischenmenschliche spüren und vermitteln kann. Ich möchte Menschen in meinen Coachings und als Speaker auf der Bühne für ein modernes, „spirituelles" Business und Leben begeistern, das die verschiedenen in diesem Buch vorgestellten Wege zum „vollkommenen" Lebensweg in Einklang mit dir und deinem Leben bringt. Erfolg ist etwas Ganzheitliches mit vielen Facetten: Familie, Karriere, Finanzen, Gesundheit, Glauben, Selbstverwirklichung. Wir dürfen mit offenen Augen durch die Welt gehen. Wir dürfen unsere Persönlichkeit entwickeln, spirituell wachsen und ein gutes Verhältnis zu uns selber haben.

Falls du den Impuls in dir spürst, dass du gerne ein Stück deines Lebensweges mit mir gemeinsam gehen möchtest und ich dich auf deiner Abenteuerreise unterstützen darf, dann freue ich mich sehr über eine Nachricht von dir. Ich kann dir richtig gut helfen, wenn du...

- keine weitere Zeit in deinem Leben verschwenden willst, sondern endlich dein Licht zum Leuchten bringen möchtest.
- bereits deine Herzensmission gefunden hast, diese der Erde dient und du damit endlich beginnen willst
- das Gefühl hast: „Da ist noch mehr!"
- brennst für deinen Weg, deine Mission, und bereit bist, JETZT zu starten.
- ein/e LichtkriegerIn sein willst.
- mehr Klarheit und Struktur in deinem Leben willst.
- ein Business mit Herz hast und dieses weiter ausbauen möchtest.

Egal, was auch passiert: Meine Vision (die Erde zu einem besseren Ort machen) ist zu meinem Herzensprojekt geworden: Menschen wie auch Unternehmen werden in Zukunft ihren Weg mit sehr viel mehr Spiritualität, Herz, Liebe und vor allem mit mehr Authentizität gehen müssen, wenn sie erfolgreich bleiben oder es werden wollen.

Und ich glaube fest daran, dass unser Welt Menschen braucht, die mit sich selber im Reinen sind, damit unsere Kinder und wir weiterhin harmonisch und gesund leben können – so, wie wir eben auch leben wollen. Dazu möchte ich meinen Beitrag leisten.

„Diene der Erde und die Erde dient dir."

Jonas Hilz

Möglichkeiten der Zusammenarbeit:

1:1-Coaching:

Das 1:1-Coaching ist deine exklusive Möglichkeit, mit mir wirklich in die Tiefe zu gehen und das zu integrieren, worüber wir im Buch gesprochen haben. Das wird vor allem dann funktionieren, wenn du bereit bist, Zeit und Energie zu investieren, um deinen Lebensweg mit so viel Leben wie möglich zu füllen. Sehr exklusiv und wenige Plätze vorhanden. Bevor es aber dazu kommt, wollen wir uns erst einmal anschauen was du tatsächlich benötigst und willst. Dazu haben wir das Strategiegespräch entwickelt, um zu schauen was das richtige für dich ist. Welches Konzept am besten zu dir passt. Wir analysieren dein IST-Zustand, geben wertvolle Tipps mit und du kannst alle Fragen stellen, die dir auf dem Herzen liegen. Wir beantworten sie. Bewerbe dich jetzt für dein gratis Strategiegespräch. Folge dafür einfach dem Link oder scanne den QR-Code:

jonashilz.com/bewerbung

Fülle den Bewerbungsbogen aus, spreche mit jemanden aus unserem Team, ob eine Zusammenarbeit für dich und für uns in Frage kommt und gehe mit mir in dem Strategiegespräch direkt in die Tiefe.

Speaker:

Du bist Unternehmer oder arbeitest für ein spannendes Unternehmen. Dann gibt es die Möglichkeit, mich für einen Speaker-Auftritt zu buchen. Dann folge dafür einfach dem Link oder scanne den QR-Code. Wähle dann den „Besprechungscall" aus.

jonashilz.com/call

Kooperationen:

Du möchtest mich als Gast in einem der aktuell gängigen Formate wie zum Beispiel einem Podcast haben, dann wählst du unter dem gleichen Link auch hier „Besprechungscall" aus.

Mentoring:

In meinem Online-Mentoring / Academy bilden wir dich aus. Wir entwickeln deine Persönlichkeit, damit du dein wahres Selbst leben kannst. Wir bilden Menschen aus, die wirklich etwas auf diesem Planeten erreichen und verändern wollen.
NUR für Menschen, die bereit sind. NUR für angehende LichtkriegerInnen.

Desweiteren unterstützen wir dort auch Coaches, Berater/innen, Trainer/innen, Experten und Speaker mit spiritueller Energie ihr Business von innen nach außen aufzubauen. Wir unterstützen Menschen 5 bis 6-stellige Umsätze im Jahr oder sogar im Monat zu erzielen. Sorge dafür, dass es dir selbst gut geht und nicht nur deinem Umfeld oder der Welt.

Folge dafür einfach dem Link oder scanne den QR-Code:

jonashilz.com/online-coaching

Ich freue mich sehr, dich auf einem meiner Events, Workshops oder Camps, die ich veranstalte, kennen zu lernen! Gerne kannst du mir dann auch erzählen, was für eine Wirkung dieses Buch bei dir entfaltet hat – darauf bin ich schon sehr gespannt.

Diese Veranstaltungen findest du auf meiner Homepage.

Weitere Kanäle:

Darüber hinaus bin ich auch auf Instagram zu finden. Das ist mein Hauptkanal, auf dem ich sehr aktiv bin, viel wertvollen Content teile und ganz viel mit Menschen kommuniziere. Wenn du mit mir in Kontakt bleiben willst, dann folge mir dort sehr gerne.

Auf YouTube findest du von mir knackige 4- bis 6-Minuten-Videos zu diversen spannenden Themen wie zum Beispiel Authentizität, Liebe oder selbstbestimmtes Leben.

Und natürlich gibt es passend zum Buch auch einen Podcast „Dein Lebensweg mit Herz", den du auf iTunes und Spotify entdecken kannst – und in dem passend zum Buch verschiedene Themen (sowie natürlich viele andere) auch noch einmal tiefer beleuchtet werden.

Auf allen Kanälen findest du mich ganz leicht, wenn du in der Suche einfach meinen Namen „Jonas Hilz" eingibst.

Stöbere auch gerne mal in meinem Online-Store. Vielleicht ist etwas für dich dabei, was dich in deiner aktuellen Lebenssituation unterstützen wird.

Die Seite und den QR-Code für den direkten Zugriff findest du hier:

jonashilz.com/shop-mit-herz